Money錢

Money錢

Money錢

Money錢

飆股新手的實戰筆記

簡單4步驟,小資也能季賺30%

陳威良 著

金尉出版　Money錢

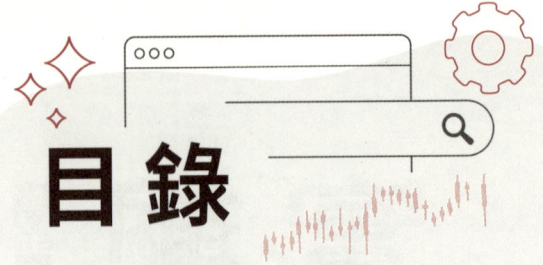

目錄

自序
小資也能晉升千萬大戶　　004

第 1 章
小資族財務自由的真相
1-1 ｜ 提早財務自由不能只靠存股領息　　016
1-2 ｜ 為什麼金融股更適合做價差？　　026
1-3 ｜ 該先買股還是先買房？　　034

第 2 章
讓資產跳升的飆股獲利法
2-1 ｜ 4 年賺到 1 千萬不是天方夜譚　　046
2-2 ｜ 飆股其實有跡可循　　054
2-3 ｜ 歷史有其循環 抓住趨勢反覆獲利　　066

第 3 章
飆股獲利步驟 1 ▶ **判斷多空趨勢**
3-1 ｜ 4 個總經指標 預判股市風向　　076
3-2 ｜ 有資金流入 行情才能走得久　　090
3-3 ｜ 什麼時候該「別人恐懼我貪婪」　　102

第 4 章
飆股獲利步驟 2 〉**聚焦題材及主流產業**

4-1	跟著股王找到投資機會	116
4-2	站在產業巨人肩上 看見未來趨勢	126
4-3	資產想起飛 就別和政策逆風	132

第 5 章
飆股獲利步驟 3 〉**用 7 指標挑出極上飆股**

5-1	產品漲價與毛利率	142
5-2	從淨利年增率看併購是否真獲利	158
5-3	預見營運前景的合約負債	172
5-4	評估企業競爭力的資本支出	182
5-5	有望推動飆漲的可轉債籌資	192
5-6	看懂大股東籌碼操作	204
5-7	跟著投信一起提前布局市場	218

第 6 章
飆股獲利步驟 4 〉**有紀律的執行策略**

6-1	台股已和你想像的不一樣	232
6-2	常害你賠錢的人性弱點	242
6-3	3 個理由讓你知道何時該停損	258
6-4	必須戒除的投資迷思	270

結語
找到對的方法反覆執行　　　　　　　　　　278

自序
小資也能晉升千萬大戶

　　不知不覺我也快 50 歲了，回顧過往的投資旅程，超過「半輩子」都是與股市為伴，從跌跌撞撞的初生之犢，到累積了豐厚的投資經驗與收益，幸而成為眾人師法學習的對象。這 20 幾年的過程中，不斷見證台股歷史翻頁，改寫各種紀錄，包括總開戶人數、單日成交金額、股市總市值、加權指數點位等，也發現贏家的交易策略持續在改變。

　　是的，市場唯一不變的就是「變」！只要多待在股市裡一天，就不能停止學習和適應，否則不進則退。我因為工作關係，接觸過非常多的學員、客戶、粉絲、投資大眾，遇到的贏家不少，但看過的輸家更是多到無法想像，而且當中不乏來自各行各業的佼佼者。授課時我曾開玩笑說：「這些有錢

人,他們都是因為進入股市才成為千萬富翁,而在還沒開始投資以前,他們原本是億萬富翁。」

　　一直以來都有許多心得想和投資朋友分享,無論是獲利的方法,或是輸家的通病,因緣際會之下,收到金尉出版社的邀請,希望我能將自身的投資經歷,系統化地集結整理成書。除了記錄我自己在投資路上如何改變、突破、前行、跨越、再登峰,也是希望能讓年輕人在投資起步後少走點冤枉路。不過本書並不會教你如何速成達到財務自由,而是希望從實戰的心態到技能,幫助你成為全方位的操盤手。

　　回首我的投資之路,簡而言之,就是一位平凡小子靠股市翻身的故事。歷經1999年電子股大漲、2000年網路泡沫破滅,從第一筆30萬元本金開始,不到1年就賺進500萬元,9個月後又賠到剩2萬元,暴起又暴落!繳交了一堂價值500萬元的投資實戰課程學費後,我重新修正操作觀念與技巧,並轉變以每年穩定獲利為核心理念,後來雖然陸續又發生2003年SARS、2008年金融海嘯、2020年新冠疫情等史詩級崩盤,我猶能實現年年連續獲利的目標!對我來說,**台股市場最適合的投資模式,就是找出主流產業中的明星飆股,集中火力、波段操作。**

▌大四一堂選修課　意外開啟理財大門

　　我出身於一般的小康之家，不過從小對於金錢就有特別的渴望，還記得讀小學時，會和家人去大賣場買整箱口香糖，分拆後到學校再加價賣給同學，賺點零用錢，很不好意思地說，其實我連面紙都賣過。當然長大後回想這些行為不可取，不過，**想當有錢人的前提，確實必須要先對財富飢渴、Stay hungry**！

　　剛考上政治大學財政系時，急欲甩開課業的壓力，想要在社團活動中建立自己多彩多姿的大學新鮮人生活。當時身兼許多社團活動的幹部職務、參加校內外各項比賽，可想而知，這樣兼顧不了課業，大一下學期，還因為超過2分之1的必修學分被當掉，差點被「二一退學」，趕緊與系上教授懇談並提出我的課業改善計畫後，才僥倖保住我繼續待在政大讀書的機會。

　　大二、大三時的我，社團活動依舊過得比「學生本業」還要精彩，直到大四那一年，聽聞某教授的「個人理財規劃」課程是「營養學分」，不想再被當的我，當然要搶先登記，沒想到無心插柳柳成蔭，這堂課竟正式開啟我人生的另一扇窗。

　　還記得第一次上課時，教授在課堂中舉出許多投資工具

的優缺點，當時股票可說是全台灣人民最熱衷的理財工具，只要選股與操作得當，可以讓窮人上天堂、富人開銀行。教授曾經舉了一例，當年筆電大廠華碩的清潔婦因為從未上市時就買進長抱，等到掛牌上市後華碩飆漲成為股王，讓清潔婦的這筆資產也成長高達 8 位數。這個案例在我心中激盪許久，我相信在茫茫股海中，人人都有機會翻身變成富豪。

　　因為這堂課，激起我對投資理財濃烈的興趣，也讓我開始想像自己有朝一日成為頂尖的操盤手，由於對數字的敏感度、對金錢的渴望程度，以及對邏輯分析的擅長，我相信只要勤加學習與練習，一定可以靠投資成就一番大事業。

▎大量閱讀練基本功　重押強勢股

　　「個人理財規劃」這堂課意外啟蒙了我對投資理財的興趣，接下來，我像塊海綿一樣拚命吸收與學習，當時的我 1 天最多看 7 份報紙，1 個月至少看 20 本雜誌，數百本股市投資相關的書更如數家珍，其他如經營策略、行銷廣告、生產管理等各方面理論我也會涉獵。從學生時期到現在，閱讀與寫作的習慣持續至今不曾間斷。

　　要注意的是「盡信書不如無書」，所以我在閱讀的時候，

總是抱著「找碴」的角度，面對書上、新聞中的訊息，我不會照單全收，反而會用多元的觀點來看，多一層思考解讀，長期訓練下來，對於我下投資決策、做投資判斷，甚至擔任分析師上電視，都有很大的助益。

大量的閱讀幫助我練好基本功，再加上當時我從國外的報導嗅出了網通產業即將噴出，所以便把握機會積極布局。從小的紅包積蓄加上打工存下的 30 萬元，便全數投入股市，鎖定重押最強勢的主流──網路通訊股。

儘管當時很多公司的財報還處於虧損階段，但我深信，股價是未來趨勢和想像的折現，多頭市場要懂得掌握「漲時重勢」的道理，題材、族群、籌碼、線型在飆升的初升段或主升段時，會比基本面的財報更為重要，只要能順勢而為，獲利動輒都可倍數起跳。

▌初試啼聲嘗勝果 30 萬滾出 500 萬

當時的我意氣風發，每買必中、押了就漲，還記得最風光的時候，我手中所有持股只有 1 檔的投資報酬率低於 1 倍。投資初體驗就嘗到甜美的果實，因此接下來我食髓知味，投資標的從上市、上櫃公司，再陸續轉移戰場到未上市公司，

又從買賣股票，進一步開始操作權證，擴大槓桿，甚至還開了複委託帳戶開始交易美股。

用30元買進的未上市網路股，只是宣稱考慮到那斯達克（Nasdaq）上市，1星期不到就有人願意出價100元來收購；還有某檔個股傳說晶圓代工廠聯電與台積電都有意併購，結果我在早上用50元買進，下午已喊價到75元。還有一些被捧為「股王接班人」的軟體與網路服務業者，儘管這些帳上還在虧錢，我從股價在2位數的時候抱到200、300元，翻了至少10倍。

那年代要在股海裡賺倍數可以說是在彈指之間，有句話我時常掛在嘴邊：「有錢人投資只賺倍數，不玩趴數（%）」。隨著承受的風險越來越高、槓桿也越開越大，投資部位也跟著迅速成長，憑著多頭氣勢與銳不可擋的膽識與運勢，讓我的30萬元本金像滾雪球一樣在9個月後順利滾出人生第一桶金500萬元！對投資勝券在握的我成為同學看齊的對象，總有許多好奇的同學來諮詢請教股市相關問題，還因此給了我「校園股神」的封號。

▌6個月賠光積蓄　學會把風險放在獲利之前

時勢造英雄，當然也能讓人瞬間跌落神壇變狗熊。

從 2000 年初開始，美國很多高科技股急速反轉下跌，累計跌幅超過 2 成已經符合華爾街對於空頭市場的定義標準。可是當時的我和絕大多數投資人一樣，沒想過要收手，還固執地認為「拉回找買點，逢低搶布局」。

沒有設定停損點的結果，最終連斷尾求生的機會都沒有。這一波空頭市場來襲，來不及跑的我在短短 6 個月的時間，就幾乎賠光了財富，剩下的餘額拿去還清車貸後，存款只剩下 2 萬元。

回想這一段投資經驗，我其實並沒有挫敗難過太久，可能是我生性樂觀，凡事喜歡正面思考，心想如果投資股市注定會面臨虧損這一局，幸好是發生在我只有 500 萬元的時候，而不是我有 5 億元的時候。而且，當時的我還年輕，越早跌倒，反而可以越快重新站起來。

也因為繳了這一堂 500 萬元的股市學費，進一步自我檢討發現，我賺錢是因為對產業趨勢的敏感度以及敢於重押的膽識，這是我操盤的強項，可以再更加強化，但我的致命敗筆在於未做資金管理、未設停損，而且進出場毫無準則可言，我必須補強交易技巧。

浴火重生的我學會把風險放在投資之前，不再刻意追求

翻倍的高報酬，我立定的新目標是希望無論股市多空循環，我都有辦法應對，以年度來結算成績，可以年年獲利、財富年年增長。

碩士營業員 從2萬到2千萬的操盤之路

從哪裡跌倒就從哪裡站起來！大賠之後，我沒有因此離開台股市場，反而頂著碩士的學歷進入證券業，從月領22K的基層營業員做起。

在這個階段，我每天除了勤奮地拜訪客戶，把握每次對客戶練習解盤的機會，同時，我也會不斷地看盤、下單、檢討，踏實地記錄著自己每一筆買進與賣出的根據，我強迫自己至少要找到3個理由才能出手，並不斷重覆這樣的實戰練習。

最多的時候，我1年的下單數量曾經超過上千筆，算起來我所賺的錢還沒有我付的手續費多，不過當時的我告訴自己，這個時期，獲利並不是我主要追求的目標，我單純只是想藉由短線操作，來不斷精進功力、培養盤感。

經過一段時間的努力，我在股市裡的財產從2萬元開始，逐漸小幅累積回到50萬元左右。

2003年爆發SARS疫情，讓台股又回到4,000多點的低檔，在市場悲觀恐懼、窒息量出現以後，我知道最好的機會來了，我準備好在股海大展身手了，因為行情總在絕望中誕生，只要大膽買進被錯殺的股票，翻倍的機會俯拾皆是，而且這次我要賺的是績優股的倍數獲利，而不是空有題材的炒作股。

其實市場大約每隔10年，就會有一次完整的多空大循環，期間會再有數次中期行情，包括波段大漲和股災重挫。而人的一生在職場上打拚的黃金時期大概是30年，如果想要實現財務自由，也就是能以理財收入取代工作收入，那就必須善加把握這30年內的3次機會，我稱之為「打開金庫的3把鑰匙」。

面對平時的波動，小漲小跌，可能對損益的影響就是小賺小賠，平常心看待即可，重點是累積寶貴的經驗，真正的關鍵在於10年一遇的趨勢轉折，只要抓到一次就足以讓財富多添好幾個零。無論是後來爆發的金融海嘯、歐債危機、新冠疫情，每當市場再度陷入極端恐慌，都是我格外珍惜的趨勢投資機會，因此「順市場趨勢，反群眾心理」成為我投資最重要的座右銘。

根據過往的投資經驗，我建立起自己的投資策略：**如果是盤整盤，我就僅以 5 成以下資金短線操作，而當突破的轉折訊號產生，趨勢盤機會一出現，我就將投資部位拉高到 7～8 成**。因為我多空雙向都操作，所以對我而言兩波漲跌，總共會有 4 次波段行情，搭配設定每一季以 30% 為獲利目標，雖然並非每一季都能順利達標，不過有了明確的目標，輔以數字追蹤管理，對於績效的穩定度提升大有助益。

投資股票最重要是先抓對趨勢轉折，若再配合選股與停損，就能持續賺多賠少。而且投資一定要設定具體的獲利目標，不要只是空想「我要賺很多錢」，就像體重管理，數字達標了，成就感會激勵自己更有動力繼續努力，即使未達標，也能具體知道差距，馬上能做出修正追趕進度。

抓對趨勢加上勇於投資飆股，讓我順利在 30 歲以前賺到 2,000 萬、買下人生第一間房子！相信我，要在股市裡提款真的不難！最怕的是用錯方法，在錯誤的道路上奔跑，平白浪費難得的行情。

在聽完我的投資故事之後，接下來，我將進一步帶領讀者，掌握飆股的奧義，藉由手把手教學，讓讀者能夠按部就班、按圖索驥，找到讓資產翻倍的飆股明星。

第1章

小資族
財務自由的真相

1-1
提早財務自由
不能只靠存股領息

　　這幾年，很流行「FIRE 理財運動」，倡導「財務獨立，提早退休」，但其實，口號喊得再響亮，都得面對現實，那就是「存到多少錢才能退休」？

　　不想委屈自己過生活，那就規劃 1 個月 10 萬元，1 年 120 萬元，再用 4% 法則去反推，則退休金至少要準備 3,000 萬元。

　　會很多嗎？還沒計入通膨呢！假設通貨膨脹每年 2%，預計 40 年後退休，則原本預估的 3,000 萬元要提高到 6,600 萬元左右才夠用。

　　也就是說，退休金的門檻不能只用現在的狀況去衡量，還要考量通膨變化，正因為通膨門檻會不斷提高，我們更應

該要積極理財，才能努力追上退休金目標。

在這裡，我想給大家兩個很重要的觀念：一個是理財要更積極，不要再盲目地跟風存股、領息了；另一個則是不要設定太長的時間才變有錢，否則累積的資產也只是變成遺產。**如果能夠趁年輕集中火力買飆股，讓自己在短時間內把本金變大，才能享受「本多終勝」的甜美果實。**

▋每月存零股 多久能存到1千萬？

根據證交所統計資料顯示，台股市場在 2024 年平均每個月新開戶人數約 5.8 萬人，至當年底累計總開戶人數達 1,321 萬人，續創歷史新高，其中以 30 歲以下年輕族群為開戶主力年齡層，20～30 歲年增 12 萬人，0～19 歲增加 10.9 萬人，代表台股投資人結構越來越年輕。

值得留意的是，台股 ETF 投資熱潮一直是台股新開戶數激增的主因，台股 ETF 受益人數已正式突破 1,000 萬大關。越來越多年輕人投入股市，而且是用定期（不）定額的方式長期投資台股，我覺得是好事，代表大家的理財意識增加了。

不過，有理財的觀念，不見得採取對的行動，特別是大家都在提倡存股的好處，我也認同存股的確有其重要性與效

益,但我想強調的是,年輕人在存股的當下,有算過每個月存 3,000、5,000 元,存到退休,真的可以存到千萬退休金嗎?會不會因為緊抱著存股的觀念,而錯失買飆股、賺波段的機會?更怕的是,浪費了無法再重來一次的時間!

近年來高股息 ETF 如雨後春筍冒出,業者為了吸睛也吸金,紛紛大方調高配息,年化殖利率動輒 8%、10% 起跳,甚至飆高到將近 20%,但這麼高的配息會是常態嗎?真的能穩賺嗎?

舉一檔月配息 ETF 為例,曾經暴力配息促使年化殖利率超過 16%,後來直線下降,一口氣少了 10%,原因除了成分股的股息殖利率本來就沒有高到 2 位數,最主要還是因為當台股從高點回檔,資本利得無可避免就會大幅縮水甚至根本沒有,導致可分配的金額減少,因此暴力配息就變暴力縮息了。

想一想,如果你以為買了幾檔高股息 ETF 就高枕無憂,可以安心退休,甚至還拿房貸去抵押借錢投資,最後發現領息越來越不穩定,不就會影響退休金準備的心情?

順帶一提,很多人選高股息 ETF,都會被一時的年化殖利率吸引,但大家不要忘記「羊毛出在羊身上」,**除息後股價也會往下調整,還原息值之後的總報酬率,才是高股息 ETF 真正實力的展現。**

存股族當心領了股息卻賠了價差

以圖表 1-1-1 高股息 ETF 為例,大華優利高填息 30（00918）和元大高股息（0056）的「年化殖利率」都大約 11%,配息水準差不多,但進一步看「2024 年總報酬率」即可發現,00918 的表現勝出不只 1 倍,而年化殖利率「只」有 8% 的凱基優選高股息 30（00915）總報酬率反而最高,超過 2 成,所以還是要看配息加上價差的總報酬率比較實際。

圖表1-1-1 熱門高股息ETF績效與配息

ETF	2024年總報酬率（%）	近一次配息（元）	年化殖利率（%）	配息頻率	可配息倍數
凱基優選高股息 30（00915）	22.59	0.5	8.11	季	19.42
大華優利高填息 30（00918）	18.76	0.7	11.97	季	11.91
群益台灣精選高息（00919）	17.59	0.72	12.01	季	12.42
元大台灣高息低波（00713）	15.79	1.4	10.18	季	17.74
國泰永續高股息（00878）	11.15	0.5	9.01	季	14.2
元大高股息（0056）	7.67	1.07	11.69	季	10.73

資料時間：統計截至 2025/03/07。
備註：可配息倍數代表該 ETF 目前累積的可配息金額,約足夠支撐幾次與上次相同的配息,可用來衡量 ETF 未來配息能力。計算方式為（收益平準金＋資本平準金）÷ 近一次配息,數據可能高估或低估,實際配息請以投信公告為準。

如果要以高股息 ETF 來規劃現金流，就要更注重配息的底氣，也就是參考「可配息倍數」，數字越高，代表可維持穩定配息的時間越長，可以作為中長期投資人的參考指標。

高股息 ETF 的配息終會校正回歸到合理值，而高股息 ETF 的狂熱也終有一天會降溫冷卻，對於年輕人、小資族或本少者，都不該以領息作為主要的理財目標，股息應該要留在淨值內，像滾雪球般越滾越大，唯有複利才能創造巨大的威力。

只存死薪水 不吃不喝才有機會買房

為什麼正確的投資理財觀念與習慣這麼重要？因為根據行政院主計處的資料顯示，2024 年每人的實質總薪資[1]平均為 56,566 元，年成長率為 2.16%，實質經常性薪資[2]為 43,085 元，年成長率為 0.58%。

從 2015 年到 2024 年共 10 年期間，無論是「實質總薪資」或「實質經常性薪資」的年複合成長率都不超過 1%（見圖表

---
1. 實質總薪資：包括經常性薪資（含本薪、按月津貼等，即一般慣稱之「月薪」）及非經常性薪資（年終獎金、年節獎金、紅利、績效獎金及加班費等）。
2. 實質經常性薪資：考慮通貨膨脹調整後的薪資水平，可以反映上班族的實際購買力。

1-1-2 最下方）。所以上班族月領 56,566 元，如果不投資理財，也要不吃不喝 15 年才能存下千萬！

圖表1-1-2　2015～2024受僱員工實質薪資

年份	實質總薪資（元）	成長率（％）	實質經常性薪資（元）	成長率（％）
2015 年	51,783	2.85	40,953	1.61
2016 年	51,384	-0.77	40,911	-0.1
2017 年	52,498	2.17	41,407	1.21
2018 年	53,670	2.23	41,887	1.16
2019 年	54,477	1.5	42,421	1.27
2020 年	55,346	1.6	43,113	1.63
2021 年	56,127	1.41	43,045	-0.16
2022 年	56,379	0.45	42,943	-0.24
2023 年	55,369	-1.79	42,837	-0.25
2024 年	56,566	2.16	43,085	0.58
年複合成長率	0.89%	—	0.51%	—

資料來源：行政院主計處

存自備款買房更難，因為根據內政部不動產資訊平台公告的資料顯示，2024 年第 3 季全國房價所得比[3] 為 10.8 倍，

---

3. 房價所得比：房地產價格與當地居民收入的比率，又稱購屋痛苦指數，數字越高代表購屋壓力越大。

台北市更高達 16.6 倍,也就是說,得不吃不喝超過 10 年才有辦法成為有殼蝸牛。再者,房價年年飛漲,薪水的漲幅完全追不上房價上漲的速度。

圖表1-1-3　2024 年第 3 季房價負擔能力指標

	房貸負擔率（%）	房價所得比（倍）
全國	46.8	10.8

資料來源:內政部不動產資訊平台

看到了這麼多令人驚訝的經濟數據之後,大家應該能夠明白「財務自由」背後的真相,那就是年輕人絕對不能只靠存股就想達到目的。

特別是強調每月、每季配息的 ETF,一開始像止痛藥,讓你以為有錢會定時自動飛進帳戶裡,暫時忘卻生活壓力的痛苦,但時間久了、成癮了,才發現不一定能縮短和理財目標之間的距離。

在還有固定薪水可領的年紀,為了買配息型的標的而錯失成長型的飆股,那是一件很可惜的事情,當一波多頭來襲時,別人抱到飆股可以賺趴數拚倍數,累積更多投資本金,而你手中的存股標的只求穩定配息,會不會相對保守了一些?

▍投資不宜太保守但也不能躁進

有人會說「覺得存股太保守，那就開槓桿玩 ETF」，意思就是先去跟銀行借貸，拿這筆錢出來買高股息 ETF，借貸利息成本可能只有 2%，高股息殖利率可以衝到 8%～10%，這樣就有套利空間。

又或是用融資[4]買進，只要自備 4 成就可創造 2.5 倍槓桿，然後再跟券商質押，繼續加碼買高股息，定期爽領更多息，槓桿越開越大。老實說，這樣的操作方式，在多頭時期或許可以僥倖安然度過，看起來是一套美好的劇本，固定領息後拿來還貸款利息綽綽有餘，還多賺了資本利得，搞不好有本錢可以提早「開除老闆」。

但你有想過當空頭來臨的那一天，空襲警報一響，肯定哀鴻遍野，手上的融資可能會被斷頭[5]，到時還得想辦法拿一筆錢出來補繳。到那時候，別說要固定領息了，就連留住股票都很困難，如果是拿房貸或信貸來投資的人，還得想辦法還貸款。

---

4. 融資：投資人向券商借錢買股票，通常上市股票可融資 6 成，假設買 1 張股價 100 元的股票共需 10 萬元，透過融資，則自備 4 萬元，融資金額 6 萬元。
5. 當融資維持率（股票市值 ÷ 融資金額）不足 130% 時，就會被券商強制賣出股票。

所以，我要強調的是，**追求財務自由，投資工具很重要，不能太過保守，也不要太過激進**，更不要在還沒有存到第一桶金的時候，就太過分散投資標的，想要藉由亂槍打鳥來提高勝率。

德國股神安德烈‧科斯托蘭尼（André Kostolany）曾說：「有錢的人可以投機，沒錢的人必須投機。」我覺得這句話可以改成：「有錢的人應該資產配置，沒錢的人必須集中火力。」

我的建議是，當可投資資金在 100 萬元以下時，最好專心鎖定目標 1～2 檔即可；可投資資金 100 萬～300 萬元之間再擴增 2～3 檔；500 萬元以上可投資 5 檔，這個時候也可以開始進行適度的資產配置。

當資金來到千萬元以上時，投資標的最多也不要超過 10 檔。這樣做的好處是可集中銀彈，且不用分散心力去看多檔標的，只要看準趨勢，即可帶來收益。

換句話說，不要再傻傻地存股、領息，而是應該趁年輕、還有本錢承擔風險時，用精準的眼光投資飆股，讓手中的資產有機會在波段上升時翻倍，迅速建立持股部位，累積第一桶金之後，再把這一桶金作為第二桶金的本金，如此才能有效率的達成財務自由的目標。

NOTE

1-2
為什麼金融股更適合做價差？

提到存股，金融股一直是存股族的最愛，認為金融股股價相較其他族群不太暴漲暴跌、配息也較為穩定，但其實金融股息值加上價差的總報酬率更好，且面臨股災時金融股的跌幅有可能比大盤更重，因此更適合做價差。

▌金融股總報酬率不輸高股息 ETF

近年高股息 ETF 如雨後春筍崛起，為了吸引投資人買進，配息一直加碼較勁，殖利率從過去大約 6% 左右的水準，到後來已動輒高達 10%，甚至有些標的年化後可以拉高到 12%；反觀金融股，若以常態性來看大約是 4%～5%，所以只看殖

利率，的確是高股息 ETF 更有吸引力（見圖表 1-2-1）。

圖表 1-2-1 高股息 ETF 和金融股比較

項目	高股息 ETF	金融股
股息殖利率	👍 約 10%	約 4%～5%
年化報酬率	8.32%	視個別金控
投資組合風險	👍 較低	中低
空頭抗跌力	稍佳	稍劣

備註：高股息 ETF 年化報酬率是以元大高股息（0056）為例。

但是，必須再次提醒，存股不能只看殖利率，總報酬率才是最重要的，也就是息值加上價差，因為羊毛出在羊身上，配息多少還是要取決於獲利的多寡。

進一步來看，表面上多檔高股息 ETF 的年化報酬率（每年的平均回報率）都很不錯，可是大多是由於息值較高且成立時間較短造成的，真正可以拿來檢視長期報酬的卻是少之又少，只有 2007 年成立的元大高股息（0056）與 2020 年成立的國泰永續高股息（00878），這兩檔各自經歷過幾次股災和疫情的考驗，才有機會看出完整多空循環下的真實力。

其餘討論度很高的高股息 ETF，如 2022 年成立的群益台灣精選高息（00919）或 2023 年成立的復華台灣科技優息

（00929），要說它們長期報酬率好不好，其實都言之過早，主要是因為它們成立時間較晚，還沒有經過空頭市場的「大考」，所以要評估高股息ETF時，用成立時間最久的0056會比較適合。

圖表1-2-2　金控股與0056年化報酬率比較

股票代號	股票名稱	近10年 年化報酬率（％）	近20年 年化報酬率（％）
0056	元大高股息	8.32	—
2880	華南金	10.73	7.57
2881	富邦金	13.37	11.59
2882	國泰金	6.77	5.34
2883	開發金	9.82	4.55
2884	玉山金	13.22	9.95
2885	元大金	13.03	9.35
2886	兆豐金	10.2	9.05
2887	台新金	9.3	5.15
2888	新光金	6.32	-0.01
2889	國票金	12.39	8.14
2890	永豐金	12.97	7.42
2891	中信金	11.19	7.54
2892	第一金	11.34	8.08
5880	合庫金	12.07	—

資料來源：CMoney法人投資決策系統
資料時間：2004/08～2024/08

從圖表 1-2-2 可以看到，0056 近 10 年的年化報酬率為 8.32%，至於金控股的年化報酬率，以近 10 年來看，幾乎每一家都贏過 0056，只有國泰金（2882）跟新光金（2888）落後 0056。所以金融股雖然表面上股息殖利率較低，可是再加上資本利得的總報酬率，其實持有金融股不一定會輸給高股息 ETF，甚至有過之而無不及。

另外，金融股雖然是政府特許產業、有主管機關把關，確實不容易「踩雷」，不過畢竟是集中在單一產業，還是有一定程度的風險。

再以遭遇空頭的抗跌力來看，在 2008、2011、2015 這 3 年的大空頭中，金融股的跌幅比大盤都要來得重。很多人認為金融股股價穩，其實只是主觀印象，從圖表 1-2-3 中可以看到，股災來臨時金融股的跌幅其實都非常大，更不可能倖免於難，所以在抗跌性的部分，金融股其實沒有大家想像中那麼好。

圖表 1-2-3　金融股股災時漲跌幅　（單位：%）

項目	2008 年 金融海嘯	2011 年 美債務危機	2015 年 歐債危機	2020 年 新冠疫情	2022 年 暴力升息	2024 年 衰退疑慮
金融指數	-65.19	-35.13	-33.9	-27.34	-30.88	-13.79
大盤指數	-57.51	-28.32	-28.07	-30.12	-32.17	-19.47

資料來源：CMoney 法人投資決策系統

▎金融股更像景氣循環股

另外一個要破除大家對金融股的迷思就是，存股族以為金融股的股價相對較穩，所以只要閉上眼、長抱領利息就好，不必關心股價。但我認為金融股的「長相」其實更接近景氣循環股，因為金融股的股價跟利率、景氣、股債市的波動息息相關，利率和景氣一定會有高低起伏，金融股自然也會跟著高低循環。

這不是在評判金融股的好壞，而是當投資人對金融股有這樣的認知時，就會知道其實金融股的股價曲線會是一個長週期的高低波動，所以拉長時間來看，其實可以大致抓住它的天花板跟地板。

如果能抓到這個波動節奏，就有機會可以讓獲利再放大，這並不是指要短期進進出出，而是可以抓住每隔幾年的一個週期，當股價來到高點，如果持股有 50、100 張的存股族，或許可以減碼 3 分之 1、2 分之 1，把資本利得先收入口袋，等跌下來時再把它接回來，領息加上價差操作來放大年化報酬率。

▎降息初期 金融股指數先跌後升

美國聯準會（Fed）於 2024 年 9 月啟動 4 年來首波的降

息,外界認為此舉有助於帶動市場回溫,對於金融股來說是利多,不過,根據歷史經驗(見圖表1-2-4),開始降息時,金融類股指數往往會跟著下跌,直到降息週期的中後期才開始反彈回升。

因為金融類股指數的反應取決於降息當時的經濟或政策背景,這通常可以分成2種情境:衰退式降息和預防式降息。如果是衰退式降息,那麼覆巢之下無完卵,景氣都衰退了,股市全面走跌,電子股和金融股無一倖免,下跌是合理的反應。

圖表1-2-4 開始降息時金融類股通常也會跟著下跌

資料時間:2000～2024年
資料來源:CMoney法人投資決策系統

若為預防式降息，資金環境逐漸寬鬆，初期對銀行為主的金融股不利，像是中信金（2891）、兆豐金（2886）、玉山金（2884）、合庫金（5880）等，因為利息收入會減少。但隨著降息持續推進，借貸需求增加，銀行反而能在降息後期受益。

至於壽險股，包括富邦金（2881）、國泰金（2882）等，則得利於債券部位的資本利得增加，雖然會面臨再投資風險，因為舊的債券到期，買進新的債券，會換到利率較低的債，但資本利得的正面影響通常會更顯著。

對於想投資金融股的人來說，評估降息對金融股的影響，要看的是營運主體，若以壽險業為主，台灣和美國的利率政策都會造成影響，且美國影響比較大，但若是以銀行為主體，則受到台灣利率的影響比較大。

因此，**美國降息時可以優先布局以壽險業為主的金融股，等到台灣降息時，再來考慮布局銀行為主的金融股**，會是合理的做法。

總結來看，因為金融股的性質接近景氣循環股，長期會在區間箱型來回震盪，如果投資人能夠掌握好，就可以靠價差操作，再加上配息來提升年化報酬率。

NOTE

1-3
該先買股還是先買房？

　　有一位女網友分享，她先生有一筆錢剛好可以買 10 張台積電 (2330) 的股票，但她認為當時股市低迷，買房子比較保險；雙方堅持不下，最後是因為她願意多出錢，所以拿這筆錢去買房。沒想到，後來股票大漲，先生痛罵這位人妻：「害我少賺 300 萬元！」兩人還鬧到差點要離婚。

　　不要以為這是杜撰出來的故事，因為「買房好？還是買股好？」的掙扎，也曾經發生在我身上。

　　好幾年前，我手上剛好有一筆閒錢可以拿來投資，跟老婆討論到底要買聯發科（2454）還是要買房？幾番討論後，我們選擇買房，買了之後也馬上租出去，算是有穩健收益。

但老實說，如果當初拿這筆錢去 all in（全押）聯發科，抱到現在價值至少破億。這不是炫耀，反而是偶爾提出來挖苦自己，專家也會看走眼！說出來只是想告訴大家，我和你們一樣，都會面臨相同的抉擇，而對於選擇的結果，豁達且淡然處之。

▌第一間房買在重劃區 翻倍出場

聊起我的買房經驗，2007 年，即將滿 30 歲的我準備成家，有自住需求，因為從小跟家人住在台北天母，所以跟一般人一樣，首購買房大多會從自己熟悉的區域開始找物件，一路從天母擴大範圍到石牌、明德、士林等，但總價都超過預算。

後來注意到與士林隔著一條河的重陽重劃區，新成屋每坪均價落在 20 萬元左右，總價在 900 萬元以內，符合我的預算，開車回父母家車程也僅 15 分鐘。雖然周邊還沒有完整開發，不過也因為如此，房價還沒漲起來，若搭配都市計畫與商圈發展，我評估後認為未來增值空間大。

2014 年政府研擬推出房地合一稅，房地產市場開始出現雜音。

一方面我有換屋需求，另一方面我認為應該換到更保值區域，便以每坪 40 萬元價格出售，進行換屋。這是人生第一次在房地產感受到賺一桶金的成就感。

看屋當場下訂 買價創區域新高

自從買了第一間自住房之後，我開始對房地產有更濃厚興趣，陸續抽空四處賞屋。在 2008 年初去汐止看一個預售案，這在當地是指標性的大建案，記得廣告標語寫著：「南港下一站，放著也會賺。」附近有科學園區，工作人口多，而且汐止的房價還不到南港的一半，跟我當初買重陽重劃區的條件有點像，應該有增值空間，我盤算著等交屋後想當包租公。被接待中心現場熱絡氛圍影響，加上銷售人員頻頻鼓吹灌迷湯，所以就當場刷卡下訂。

回到家冷靜查資料才發現，我單坪成交價買在 31 萬元，但市場行情大概 25 萬元就可以成交，我自嘲是曾經創下汐止新天價的「盤子」。

不只如此，成交後當年 9 月就爆發金融海嘯，經濟重創，真的是「剉咧等」！好在隔年起股市、房市都迅速反彈，所以這一間預售屋最後還是獲利出場。

買股心法也適用買房

以上這些買房經驗，說出來的目的不是要讓人以為我是房地產專家，我只是想分享，我以投資股票的邏輯來買房，降低了犯錯的機率；相對地，很多人都有買賣房地產獲利的經驗，卻在股市裡栽跟頭，假如也能用投資房地產的策略和心態來投資股票，我相信勝率必定大幅提高。

房屋不論是自用或投資，終究會有轉手的那一天，因此都必須考慮是否有條件增值，股票當然也要考量基本面是否獲市場認同。

另外，房地產選擇指標型建案，在多空循環中，跌時較保值抗跌，漲時通常會先突破創新高，股市中的產業領頭羊也是一樣。進一步歸納，挑房子和選股有以下相似準則：

▪ 準則 1：買房要買在蛋黃區 vs 買股要買主流族群

買房要能夠保值一定要選蛋黃區，就像買股票要買盤面中的主流股，也就是資金聚集的地方，成交量大、有人氣、有題材支撐。

台股各類股之中，向來都以電子股的成交量最大，占大盤成交比重約 6～7 成，而其他類股如果成交比重相較過往

平均值開始增加，例如營建股的成交量原本只占不到 5 個百分點，但某天突然放大到 10 個百分點，代表資金開始進駐，就可望成為盤面主流。

- **準則 2：買房挑指標建案 vs 買股挑強勢領漲股**

買房如果擔心買錯地點，可以先觀察區域內是否有多家知名的上市櫃建商推案，如果有，就代表這個區域具有發展性，對房價有支撐，而且可以先選擇同區域內的指標建案。

買股票也是，選股一定要選強中強，也就是強勢族群當中的強勢股，依照經驗，初升段一開始就領漲的領頭羊，通常會一路領先，和同族群裡面補漲的個股相比，波段漲幅的差距會越拉越開。所以**投資要抓住領頭羊，會有比較高的機率讓報酬極大化，買強不買弱，買高還能賣更高，千萬不要才起漲，就把注意力都放在落後補漲股身上。**

- **準則 3：買房選口碑好的建商 vs 選股挑經營團隊**

買房要找口碑好的建商，品質較有保證；買股也是一樣，要看經營團隊，如果是有富爸爸、集團當靠山更好。例如：台積電大聯盟、鴻家軍等集團股，這些隸屬於集團內的小金

雞，無論是在財報的可信度、財測的執行度等，都相對會有較亮眼的成績，獲得的本益比評價也會比較高，有利於股價表現。

- **準則 4：千金買房萬金買鄰 vs 大戶或法人籌碼加持**

擇鄰而處，好的鄰居對於居住的品質很重要，買股也是一樣，如果不確定要買熱門族群裡的哪一檔個股，那就跟著大戶、法人的籌碼，因為他們有專業的研究團隊，擁有比散戶更有優勢的聰明錢，跟著他們走就對了。

- **準則 5：買房跟著重大建設走 vs 買股要有政策利多**

買房跟著軌道經濟、捷運經濟通常有賺頭，選股也能受惠政策加持。近年政府編列大筆預算扶植：風力發電、水資源、儲能、重電、國防軍工等產業，其中像是台電在 2022 年公告「強化電網韌性建設計畫」，編列 10 年 5,645 億元的預算，重電大廠華城（1519）、士電（1503）這就是政策概念股，又例如乾淨能源當中的離岸風力發電股世紀鋼（9958）、上緯投控（3708）等，水資源重複循環再利用如國統（8936）、山林水（8473），都屬於政策受惠股。

▍房屋區域也能對應股票特性

房子依據座落的位置及其價值，分為蛋黃區、蛋白區及蛋殼區，對應到股票市場，一樣也可以這樣區分：

▪ 蛋黃區 vs 龍頭股、指標股、千金股

位於蛋黃區的房價保值性最強，但上漲空間不大，因為基期已經很高，相對地，在市場跌的時候，通常比較抗跌。股票市場裡的權值股、各產業龍頭股、千金高價股，就像位於蛋黃區的房價，緩漲抗跌。

▪ 蛋白區 vs 業績成長股

位於蛋白區的房價，基期沒有蛋黃區那麼高，但如果選對物件，則上漲空間大。如果是在股票市場，蛋白區就像是龍頭大廠的周邊供應鏈，比方說台積電的設備、耗材供應商，受惠於台積電的訂單外溢效應，基本面看漲，這些業績成長股有可能1年漲好幾倍，波段漲幅往往遠超過台積電本尊。

▪ 蛋殼區 vs 補漲股、題材股、轉機股

蛋殼區的位置在外圍，價格想當然又更低，但如果挑對

地段，就像是股票市場裡的轉機股，或是帶有題材的個股，本來不賺錢，突然某一季開始由虧轉盈了，又或是原本不漲不跌的殭屍股，突然變得有人氣，帶動股價，轉機股麻雀也有機會飛上枝頭。

▪ 重劃區 vs 興櫃股

重劃區剛開發的時候，價格相對最便宜，但這個時候交通不方便、生活機能也不完善，很擔心會不會買錯？這就跟興櫃股票一樣，資訊不是很透明，也比較少人關注，但也因為這樣才有機會買到物超所值的股票。

根據我自己的看房經驗，我認為重劃區有 3 寶：家樂福、星巴克、麥當勞，這 3 大零售巨頭在設店的時候必定做過詳盡的人流市調，所以一旦確認有這 3 家店進駐，就代表這個區域未來有人潮、有前景。

換成股票市場來看，興櫃股票背後若有知名大股東撐腰，容易脫穎而出成為焦點，例如 2024 年 9 月 26 日掛牌的達明（4585），為全球第二大協作型機器手臂廠商，更重要的，它是廣達集團旗下廣明光電（6188）的轉投資子公司，因為背後有強而有力的集團，登上興櫃首日股價就從 120 元直衝 488 元。

透過投資股市先賺到自備款

談完買房的經驗，也談了買房和選股的策略，最後要回到我們一開始的主題：「買房好？還是買股好？」其實，要是資金預算足夠的話，買股、買房都是台灣民眾主要的資產配置工具。

但畢竟不是每個人一開始都有這樣的財力，所以客觀來說，兩者各有其優點：

- **買股**：流動性佳，報酬率高，容錯率高，門檻低。
- **買房**：實用性佳，勝率高，槓桿大，穩定性高。

總結來說，如果手上有一筆資金，我建議先買股再買房，逐漸累積資本。這是因為股票上漲的速度比較快，長期年化報酬率勝過房地產，只要操作得當，從股市裡面賺到的錢，就能成為買房的自備款，或者可以升級從2房變成3房，買中古屋變成買新成屋，行有餘力的話還可以買2間，1間自住、1間租人。

更重要的是，無論先買房或先買股，都要跟家人商量，取得共識之後，共同承擔選擇的結果。

NOTE

第 2 章

讓資產跳升的飆股獲利法

2-1
4年賺到1千萬
不是天方夜譚

我有運動的習慣，曾經跑過半馬（21.0975公里），也參加過101登高比賽，用28分鐘的時間完賽，排名全部選手的前4分之1。我不是要說自己是運動高手，而是想表達投資就跟運動一樣，想要達到目標，第一件要做的事情就是「出發」，唯有踏出第一步，才能離目標更近一步。

舉例來說，今天我想跑21K，大約是從住家附近跑到淡水的距離，接著我要配速，這樣才能知道要花多久時間抵達目的地。當然，在跑步的過程中，可能會遇到天候不佳或一些突發事故，導致我的速度變慢，但因為事先有所規劃，所以可以掌握自己接下來的進度，確保在預定的時間內完成。

就算又累又喘，腳步依然不要停下來，更不要輕易地放棄，保持一步接著一步向前進，重新調整好呼吸還有步伐，我發現跑步其實前段比較辛苦，但過了中段後反而會越跑越舒服，進而享受整個過程，直到抵達終點。

　　投資也是，假設想要存到 1 千萬元，就要有方法 —— 目標導向、數字管理。雖然理想與現實難免有差距，但投資最怕就是淪為空泛口號「我要賺大錢」，光喊是不會許願成功的。投資就像是在跑一場馬拉松，最難的就是站上跑道，你一定要有決心付諸行動。

▎目標導向 為投資開啟導航

　　跨出第一步之前，先問問自己：「想不想要有錢？」當然，多數人的答案都是肯定的，但是幾年後有的人可以實現目標、有的人不行，差別就在有的人喊完目標之後轉身就去追劇、在沙發上耍廢，有的人卻願意開始計畫、執行投資，你說，誰才是有機會達到目標的人？

　　把大目標訂出來之後，再去計畫每個階段的小目標。就像是要完成全馬（42.195 公里）之前，在沒有經常練跑的情況下，不可能第一次就跑完全馬，而是要陸續完成 10 公里、

半馬、30公里等階段性目標之後，才有可能順利完成全馬，以上就叫做「目標導向」。

就像是開車上路前，先定位好導航才能朝向正確的方向前進，而不是像無頭蒼蠅一樣亂竄亂飛。途中即使走錯路，只要導航方向正確，終究是會修正回到正軌、抵達目的地。

▎數字管理 用333法則達成千萬目標

目標定位之後，接下來就要進入「數字管理」，這時候要將目標明確化、數字化。萬事起頭難，不少人在一開始資金不多、難以看到報酬成效的時候，很容易宣告放棄，總覺得要賺到1千萬元難如登天！其實應該先根據長期目標，再依序訂定中期目標、短期目標，投資的旅程分階段達成目標，會更有信心與成就感。

我剛開始投資時碰上大多頭，順風順水以為股票錢很好賺，當時滿懷野心只想賺倍數，有些持股帳上獲利已達7、8成還不想賣，最後淪為紙上富貴。後來體認到，台股淺碟市場的特性是題材多、輪動快，持股抱太久或跑太短都不適合。透過波段操作的「333法則」，更能夠有效率將小資金累積成第一桶金，然後再滾出第二桶金、第三桶金⋯⋯。

所謂的「333法則」是鎖定3個月內能漲3成的潛力股，操作3次就能翻倍。這樣的投資操作策略，適合資金不到100萬元、想要集中火力將資金翻倍的人，如果資金在300萬元左右，則建議分成3檔個股布局，順勢而為，有機會更快達到千萬目標。

　　「老師，投資專家不是說雞蛋不要放在同一個籃子裡嗎？為什麼要集中持股？」學員常常會有這樣的問題，有些人長期以來習慣了「亂槍打鳥」的投資方法，往往聽人家報明牌就去買，賠了就丟著不管。我經常幫客戶持股診斷，印象最深刻的是一位70幾歲老婆婆，手中持股100多檔，買賣毫無章法、無力管理，即使盤勢在多頭，其持股也是漲少跌多，整體報酬當然慘兮兮。我開玩笑說，如果持股這麼多檔還能有好績效，那大概可以去管理3檔共同基金了。

　　況且，**不斷增加投資組合標的數目，不見得真的能分散風險，反倒是一定會分散獲利的火力**。因為很多投資人在市場流行某題材時，會針對該族群一口氣買多檔個股，導致攤開庫存一看，好幾檔鋼鐵股、好幾檔航運股、好幾檔IC設計股，漲時同漲、跌時齊跌，最終統統被套牢。這顯然是不願錯過行情，又缺乏抓出族群領頭羊的能力。

當然，在努力達成目標的過程中，難免會遇到逆風的時候，這時千萬不要聽損友或酸民的話：「早就叫你買另一檔你不聽，別人都賺了就你沒賺到」、「你那檔賣太快了，少賺一波」、「我跟你講現在行情很爛了，買什麼都容易賠錢」……與其被負能量打擊，不如向正能量靠攏，找些和你有相同目標、正向積極的股友互相加油打氣，或是加入我的臉書粉絲團、看我的 YT 頻道，有助於完成目標。

▌1 年賺百萬 第 4 年滾出千萬

前一章節提過，依據行政院主計處的公告，2024 年上班族的實質總薪資平均為 56,566 元，長期年複合成長率不到 1%。薪資漲幅趕不上物價、房價上漲的速度，成為很多人乾脆放棄不理財的藉口，所以我將目標數字化，讓大家了解其實一般人要存到第一個 100 萬元不是難事。

如果每個月薪水入帳後強迫自己先固定儲蓄 1 萬元，則 1 年可儲蓄 12 萬元，假設存了 3 年，以 36 萬元作為投資本金，設定每 1 季鎖定 1 檔好股，獲利目標 30%，則 1 年後的投資本利和可以來到 102.8 萬元，再加上年儲蓄 12 萬元，總資產將達到 114.8 萬元。

上班族如何從 36 萬滾出百萬？

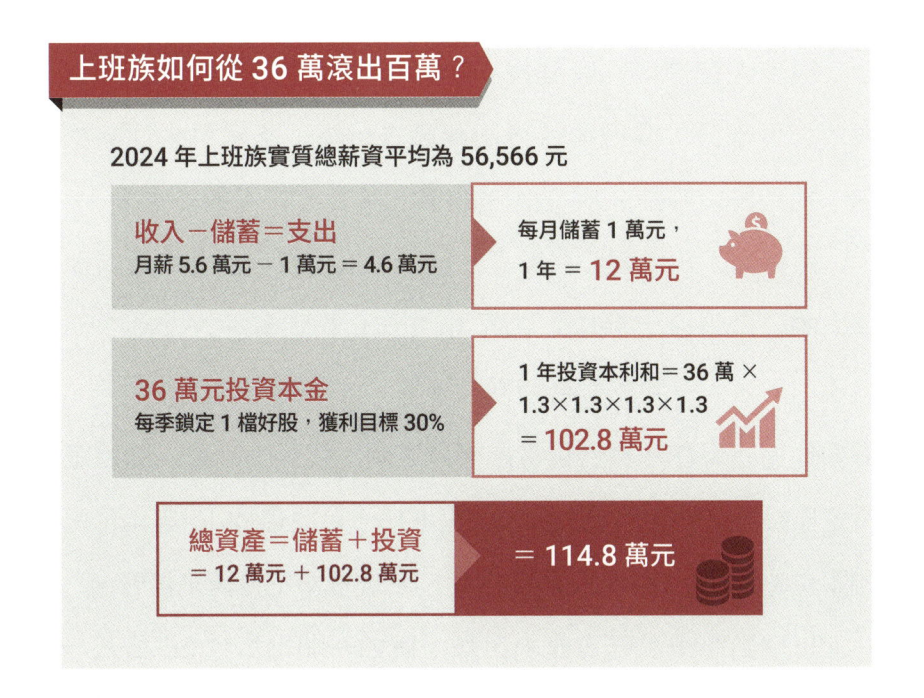

2024 年上班族實質總薪資平均為 56,566 元

收入－儲蓄＝支出
月薪 5.6 萬元－1 萬元＝4.6 萬元

每月儲蓄 1 萬元，
1 年＝**12 萬元**

36 萬元投資本金
每季鎖定 1 檔好股，獲利目標 30%

1 年投資本利和＝36 萬 × 1.3×1.3×1.3×1.3
＝**102.8 萬元**

總資產＝儲蓄＋投資
＝12 萬元＋102.8 萬元

＝**114.8 萬元**

　　投資 1 年加上儲蓄可以滾出百萬元，這個時候不該見獵心喜、賺了就想跑，而應該把這百萬資金當作第一桶金，在接下來的時間，每個月一樣存 1 萬元，然後持續將資金投入「每 1 季獲利目標 30%」的好股，反覆操作，第 4 年就有機會滾出千萬。

　　請記住「九層之台，起於累土；千里之行，始於足下」，每一個千萬都是從百萬累積的，每一個百萬也都是從 1 萬元開始的。

很多人會懷疑到哪裡找「1 季可以達到 30% 報酬」的個股？這個部分，我們留待後面章節去分享，不過至少你該相信，找到波段報酬 30% 個股的機會，遠比 100% 的多很多。

即使你不知道飆股在哪裡，至少可以投資目前台灣最有競爭力的公司──台積電，它近 10 年年化報酬率達 26.19%，而且國內外法人一致認同台積電的優勢，未來幾年內難被動搖。假如你擔心現在才買台積電是後見之明，那至少也可以開始定期定額投資追蹤大盤指數的市值型 ETF，台股最近 10 年年化報酬率也超過 9%，都比只買高股息 ETF 或根本不投資來得好。

以達到 1 千萬元資產為目標，假如一開始本金 36 萬元，年化報酬率 20%，經過約 19 年可達標；如果報酬率提高到 30%，則達到千萬元的時間可縮短至 13 年，雖困難，但並非不可能；又如果風險承受度低或績效不理想，年化報酬率 8%，累積千萬就需要長達 44 年。

以上這些試算，只是想強調投資 3 要素：本金、時間與報酬率都很重要，如果不想承受高風險，那就越早開始投資越好，或者說，既然知道投資必定有風險，所以更要趁早開始投資，**想縮短實現財富目標的時間，就得設法提高對投資報酬率的要求**，從提升自己的實力開始！

在確認好自己的目標以及方向之後,接下來,我將告訴你如何利用選擇正確的投資標的,讓你越投資越輕鬆,比別人更快達到「千萬資金」的里程碑。

2-2
飆股其實有跡可循

　　曾經讀過一段文章，印象非常深刻，大致上是說科學家經過長期的研究發現，基因會影響一個人的發展成就，意即基因確實可以影響人們成功與否。我常想，如果成功的人有成功的基因，那飆股一定也會有飆股的基因。

　　多年以來我都有個習慣，在年底封關以後，整理當年度翻倍上漲的飆股資訊，除了想知道自己當年度曾經掌握到了哪些飆股、錯過了哪些飆股，更想知道每年飆股這麼多，看似有各自的故事，但其實背後有沒有什麼共同點？或是起漲之前的蛛絲馬跡。

銅板價、低基期是飆股大本營

以近 10 年統計來看（見圖表 2-2-1），每年動輒就有超過百家的公司股價翻倍，尤其當年如果大盤漲幅大,「漲倍股」順理成章也會特別多。進一步來看，年度股價漲幅前 10 名個股，許多漲幅不只 1 倍，有的甚至近 10 倍（見圖表 2-2-2、2-2-3）！能夠飆漲數倍的前提之一就是股價低，所以 50 元以下的銅板股可說是飆股大本營。

圖表2-2-1 近10年每年翻倍飆股家數統計

年度	家數
2015	30
2016	55
2017	119
2018	18
2019	93
2020	139
2021	150
2022	32
2023	186
2024	102

資料來源：CMoney 法人投資決策系統
資料時間：2015～2024 年

由歷年的飆股排行榜還可以發現，每一年的飆股名單都不一樣。這是因為台股是淺碟型市場，整體股票市值規模並不大，題材多，資訊又很發達，有限的資金在這麼多的類股

當中，每一年都會不斷去尋找下一個會更好的標的，主力大戶獲利了結之後，通常不會再回頭拉抬漲幅已大的個股。

講白了，前一年的得獎者，隔一年往往落榜，因此前一年大漲過的飆股，來年我對它的興趣會大幅降低。所以基期低，是飆股養成的另一個重點。而這種「保鮮期」在 1 年以內的飆股，可稱之為「快飆股」。

相對地，還有另一種「慢飆股」，乍看之下漲勢沒有快飆股那麼猛爆，甚至會覺得股價牛皮溫吞，但時間拉長以後，回頭檢視卻大吃一驚，原來長線漲幅十分驚人。最經典的範例就是護國神山台積電，過去 10 年累積報酬率超過了 10 倍！但多數時候如果你常盯著它看，會以為它一直在原地踏步。

至於要如何篩選飆股呢？首先，我想釐清的是，股價翻倍或暴漲如果只是來自於題材炒作或主力鎖碼拉抬，那麼股價的強勢也只會像放煙火一樣，璀璨過後，怎麼漲上去就怎麼跌下來，這類型的飆股容易掉入主力養套殺的陷阱，散戶切勿盲目跟進，而且這種飆股的行情難以事先掌握。假如不靠打聽消息、亂聽明牌來投資，飆股能否透過資料蒐集與研究來挖掘呢？

圖表2-2-2　2024年前10大飆股股價與漲幅

	代號	名稱	年初開盤價（元）	年底收盤價（元）	當年度漲幅（％）
1	5314	世紀*	3.82	39	921
2	6442	光聖	69.76	650	832
3	8937	合騏	21.05	148.5	605
4	3230	錦明	9.42	61.4	552
5	8374	羅昇	28.38	139.5	392
6	3450	聯鈞	62.7	287	358
7	4583	台灣精銳	200.71	914.65	356
8	6199	天品	28.95	130	349
9	6640	均華	145.75	640	339
10	2359	所羅門	39.09	168	330

資料來源：CMoney 法人投資決策系統
備註：股價與漲幅均以權息還原價計算，上市櫃未滿1年者不計入。

圖表2-2-3　2023年前10大飆股股價與漲幅

	代號	名稱	年初開盤價（元）	年底收盤價（元）	當年度漲幅（％）
1	1519	華城	42.85	295.38	589
2	6117	迎廣	14.05	76.7	446
3	4763	材料-KY	131.79	672.82	411
4	6139	亞翔	34.45	163.69	375
5	5314	世紀*	0.82	3.81	365
6	5432	新門	26.59	119.09	348
7	3661	世芯-KY	786.03	3242.88	313
8	8054	安國	29.5	116.12	294
9	4979	華星光	39.3	142.06	261
10	3231	緯創	27.9	96.27	245

資料來源：CMoney 法人投資決策系統
備註：股價與漲幅均以權息還原價計算，上市櫃未滿1年者不計入。

賺取波段獲利的「快飆股」，因為利多消息的發酵，或是市場資金的認同，可能偶爾會帶來短線飆速或是連飆漲停的樂趣。如果希望長線存股能存到「慢飆股」，我也會分享一些類似台積電、有營運護城河為後盾的個股，值得大家追蹤研究。

▍篩選快飆股留意「3新2益」

所謂「3新2益」指的是：新產品、新訂單、新產能，以及意料之外的利多、實質財報利益。符合其中的條件，即有可能股價噴發。

- **新產品**

科技產品總是推陳出新，例如全球智慧型手機早已飽和，但三星、華為等品牌相繼推出摺疊式手機，全新的產品就創造全新的商機，摺疊手機最主要的零組件就是軸承，讓早已跨入的富世達（6805）成為同業中的大贏家。

又例如零售業為了制訂更彈性的產品價格策略，紛紛導入電子貨架標籤，取代以前的紙標籤，不僅能快速調整售價，也可以節省人力，電子紙龍頭元太（8069）因為打入零售巨頭沃爾瑪（Walmart）供應鏈，股價因此翻倍上漲。

當新產品問世時，可關注產品的市場規模有多大？年均複合成長率多少？相關供應鏈的進入障礙高嗎？可以特別鎖定具有先行者優勢的大廠，通常在初期會有接近獨占的地位，此時就是股價起飛的黃金時期。

- **新訂單**

當公司在法說會上，透露公司爭取到新的訂單，除了會讓 EPS（每股盈餘）往上提升，如果是國際大廠訂單，取得的門檻高、技術含金量高，更會帶動本益比評價調升，如此一來，就能創造「雙引擎」的效應，帶動股價噴發。

例如鴻海（2317）過去幾年股價都在百元附近徘徊，還被戲稱為「股票界的不動產」。但是在 2024 年 3 月公司透露拿下輝達（Nvidia）高階 AI 伺服器機櫃的獨家代工，高單價與高毛利的新訂單，讓鴻海終於撕下蘋果（Apple）「iPhone 組裝廠」的標籤，本益比跟 EPS 向上，觸發雙引擎效應，即使股本龐大，也能在半年內股價足足翻了 1 倍以上。

- **新產能**

公司公開宣布要擴廠的訊息，就是利多的關鍵字，尤其

是只有特定公司擴大產能，而其他同業未跟進時，表示很可能是訂單重新洗牌分配。例如生產香菸濾嘴絲束的材料-KY（4763），為因應俄烏戰爭後的轉單需求，公告將於2023年陸續擴增絲束產能，預計新增產能規模高達85%。果不其然，當年度隨著新產能持續開出，再加上調漲售價，營收月月創下歷史新高，股價也從100多元一路飆破千元。

當一間公司宣布擴產，一定要進一步去了解原因：是為了什麼樣的客戶和產品？預計產能貢獻何時開始？生產曲線與良率變化的幅度？折舊費用如何攤提？如果產能增幅越高，就代表基本面和股價的爆發力越強。

但也有例外必須小心，假使產業早已旺了好多年，才聽聞多家同業公司都在擴產，我反而會擔心供過於求的後遺症，例如面板、太陽能、IC載板都曾因過度擴產讓產業陷入反轉。

▪ 意料之外的利多

市場常說「利多出盡」，如果利多消息人盡皆知，而且同樣的利多已經在同一檔股票被炒作多次，利多效應就會遞減，最後索然無味，所以利多公告的初期，對股價的刺激作用才會明顯。

百和興業-KY（8404）原本股價水波不興，在低檔盤整，2024年9月底公司在法說會上提到已成為運動新興品牌On running的緹花網布最大供應商，消息曝光後股價連噴3根漲停，因為在此之前市場上幾乎沒有人知道On和百和興業-KY的關係如此緊密。

- **實質財報利益**

有些利多消息，可以支撐股價長期向上，相對地，有些利多消息，只讓股價上漲曇花一現，差別就在利多的想像題材究竟能否帶來實質的獲利效益。

幾年前曾經很夯的元宇宙題材，當時大家覺得這是跨時代的新產品，可以應用在娛樂、商務、會議、教育等，偏偏「想像都很豐滿，但現實卻很骨感」，如今元宇宙的話題雖不至於泡沫化，卻已是明顯退燒，什麼時候熱潮能再來？大概還是得要相關公司的實質獲利成績拿出來。

「3新2益」是幫助大家篩選快飆股時能化繁為簡，不過，在過濾的時候，不用同時符合這幾個條件，這比較像是投資檢查表，符合1項好，2項更好，然後搭配股價的位階來思考是不是現在要進場？

▌基本面支撐 慢飆股值得長抱

談完了快飆股，相對地，還有另一種「慢飆股」，就像個忠實伴侶，雖然沒有浪漫情人的甜言蜜語，但是總能用力守護、全心對待，該給的，一樣也不會少，投資慢飆股的幸福感，其實更踏實。

要能成為慢飆股，值得安心長抱參與長多行情，當然必須要有基本面推升和加持，而且還要有難以被複製取代的競爭力，簡言之，就是要擁有強大護城河的優勢，所以通常是產業龍頭股。

我存股特別喜歡鎖定慢飆股，除了在218元就幫小孩投資了台積電，至今1股未賣，其餘的存股投資組合大致上偏好「543原則」：年年配現金股利且殖利率＞5%，近4季ROE（股東權益報酬率）＞15%，長期毛利率＞30%。

台積電的產業前景人盡皆知，股價表現也真是不讓人失望，最近10年有8年上漲，擊敗大盤的機率也達到8成。不過其實台股之中還有不少優秀的A+企業與隱形冠軍，在過去10年裡，不論碰到空頭市場還是股災，全年正報酬的機率也超過8成，包括10年全都上漲的士電（1503），累積總報酬624%，而10年之中上漲9次的像是金像電（2368）、帆

宣（6196）、微星（2377）、新產（2850）、卜蜂（1215）、華固（2548）、裕融（9941）、元大期（6023）等，累積總報酬率亦介於 400% ～ 1,436%，值得讀者參考研究。

圖表2-2-4 台積電近 20 年股價漲跌幅 （單位：%）

年度	台積電	加權指數	費半指數
2005	23.76	6.66	10.66
2006	8	19.48	−2.41
2007	−8.15	8.72	−12.8
2008	−28.39	−46.03	−48
2009	45.27	78.34	69.63
2010	10.08	9.58	14.42
2011	6.76	−21.18	−11.51
2012	27.97	8.87	5.38
2013	8.76	11.85	39.31
2014	33.65	8.08	28.38
2015	1.42	−10.41	−3.41
2016	26.92	10.98	36.62
2017	26.45	15.01	38.23
2018	−1.74	−8.6	−7.81
2019	46.78	23.33	60.12
2020	60.12	22.8	51.14
2021	16.04	23.66	41.16
2022	−27.07	−22.4	−35.83
2023	32.22	26.83	64.9
2024	81.28	28.37	19.27

資料來源：CMoney 法人投資決策系統

我投資的口訣之一是：「**基本面決定股價高度，籌碼面影響股價速度**。」無論你想要選擇快飆股或慢飆股，一定要記得，避開沒有基本面支撐、太過投機的飆股，過度炒作的飆股，特徵就是股價上漲的時候通常會伴隨市場傳聞消息，法人不碰但資券籌碼大增，但細看其基本面是「空虛」的，沒有營收動能和現金流入，茫然跟著進場梭哈，很有可能成為牌桌上的輸家。

NOTE

2-3
歷史有其循環
抓住趨勢反覆獲利

有一位流浪漢，為了搭免錢的車，總是偷溜進月台，等待火車即將開動的時候才跳上車。因為只有當火車動了，他才知道火車是往哪邊開的。如果貿然的跳上火車，他有可能離目標越來越遠，甚至還得在下一站跳車。

這就是投資當中經典的「流浪漢搭車」理論，假如流浪漢當天想搭乘往西的火車，他就得順勢而為，否則，誤上了反方向的車，就只能等火車慢下來，跳車，再轉搭另一班火車，加速前進，才有機會在原先設定好的時間內抵達。

「流浪漢搭車」理論應用在投資實戰，講的就是股市老

手經常掛在嘴邊的一句話：「順勢操作」，也就是「多頭市場不做空，空頭市場不做多。」我們必須學會不與市場對抗，順著車行的方向走，贏的機率才高。

同時，價差操作最好的策略，是等行情啟動了再行動，如同流浪漢趕火車，也就是等到火車開動了、確認方向對了才搭上車。這個時候進場，投資人再也不用去瞎猜高點和低點在哪裡，只要客觀的依循訊號進出，搭上趨勢獲利其實比靠消息賺錢容易的多。

有人可能會質疑：多頭市場難道沒有人放空而賺到錢嗎？空頭市場就真的無法靠選股來做多獲利嗎？

或許有，但是這樣的操作要成功，肯定要付出許多代價。所以我從來不建議投資人波段操作採逆向策略，這與在馬路上逆向開車一樣，隨時可能發生未知的風險。

▌獲利的首要關鍵：順勢而為

投資台股要成為贏家，一定要順勢而為，因為「市場趨勢才是老大」！如果大盤能上漲，而且是出現持續穿頭過高的多頭走勢，這表示多數的個股應該都是上漲，尤其權值重的個股表現一定不差，所以這時候要從上市櫃公司當中挑到

能跟漲的股票，相對機率是高的，如果偏偏想挑股票放空，無疑是種唱反調的冒險特技行為，勝率肯定偏低！

　　第二個必須順勢操作的原因是「個股終將回歸與大盤走勢一致」。因為股票數量繁多，題材性、基本面、籌碼面、股價位階等各不同，所以在整體盤勢運行中，所扮演的地位與功能也不同，有領先創新高股，也有箱型震盪股，當然還有落後補漲股。這就像是一支職業籃球隊，隊中選手有打前鋒位置，也有中鋒或控球後衛；有人負責搶籃板、抄截，也有人負責切入禁區上籃或者外線射籃得分。

　　可是，當比賽結束哨音吹起，所有場上球員都會先後退場、整裝離開。就好像股市多頭漲勢結束，所有個股或快或慢都會開始下跌，即使是所謂的抗跌股或強勢股，往往也逃不過最後補跌的命運。所以就算有好眼光能選出逆勢走強股，反而容易成為法人提款對象，就算能漲，幅度也一定有限。

　　觀察大盤歷年表現，漲多跌少，而只要是上漲的多頭年，上市櫃公司也多數呈現上漲；反之，如果是下跌的空頭年，則多數個股也以回檔居多。例如 2023、2024 近 2 年不只上漲個股都超過千檔，占全部個股的比例分別達 76%、52%，表示選

對股賺錢的機率偏高，而 2022 年是空頭市場，環視整個盤面，能繳出正報酬的個股僅不到 3 分之 1（見圖表 2-3-1）。

圖表 2-3-1　近 3 年台股漲跌情況

年度	加權指數漲跌幅（％）	上櫃指數漲跌幅（％）	上漲家數	上漲家數比例（％）
2022	−22.4	−24.1	496	28
2023	26.8	29.8	1,375	76
2024	28.47	9.33	1,143	52

資料來源：CMoney 法人投資決策系統

即使只聚焦在特定期間的波段走勢，也會發現類似的情況。例如 2024 年台股剛在 7 月中旬創下歷史新高，不久後發生股災，大約才經過短短 3 個星期，加權指數就蒸發了 4,754 點，同期間下跌的個股高達 1,726 檔，幾乎是全軍覆沒，而且其中還有 40 檔股票跌幅重於 3 成。

由此可知，雖然買賣股票是以個股分析為主，可是個股一定會受到大盤牽制影響，所以，確定行情的長期趨勢，判定大盤的多空方向，才是操盤制勝的關鍵第一步。沒有人能長期逆勢操作！即使是所謂的主力或法人，也要尊重趨勢、順應趨勢而為。

▍漲不停就是多頭 跌不停就是空頭

　　了解順勢而為的道理之後，回到技術面操作來說就是：「在多頭時買進，在空頭時賣出。」什麼叫多頭市場？簡單講就是漲不停，K 線不斷呈現上漲高點突破、拉回低點不破，這就是多頭市場；直到漲勢停頓不再創新高，多頭慣性改變，則先以盤整行情視之；而如果繼續回檔跌破盤整區間支撐，接著反倒是反彈高點不過、下跌低點跌破，跌勢不歇就是空頭市場。

　　我經過多年不斷觀察檢驗與實戰操盤經驗，將大盤經常出現的頭部與底部特徵，特別整理如下表，供讀者日後分辨轉折可參考運用。但必須提醒一點，每一次大盤的頭部或底部所出現的訊號，不會完全相同，也不會是全部的訊號都出現才進入反轉，有時候可能有 2、3 種訊號，而有時候可能多達 5、6 種，建議讀者在判斷與運用上還是要保持彈性、靈活調整。

　　股市像海浪一樣有時高、有時低，看似無序，實則遵循著某種規律而循環不息。而這背後推動股市漲跌的潛規則，其實不外乎景氣與資金兩股力量拉扯。台股每年不論多頭或空頭市場，幾乎都會有 1～2 次機會產生千點波段行情，上下震盪區間頗大，以過去 10 年來看，高低點差距甚至可超過 7,000 點。

圖表 2-3-2　台股頭部與底部的特徵

大盤的頭部特徵	大盤的底部特徵
台股走勢相較於國際股市弱勢	台股走勢相較於國際股市強勢
利多新聞占據媒體版面	利空新聞占據媒體版面
權值股與高價股轉弱，落後股補漲	低價股與轉機股轉強，績優股補跌
公司籌資頻繁，偏好現金增資	公司籌資停滯，偏好發行可轉債
內部人申報轉讓賣股	公司實施庫藏股護盤自救
外資看好大買而漲不動	外資看壞大賣而跌不下
短中期均線由上揚轉為走平	短中期均線由下彎轉為走平
爆巨量止漲或均量退潮	窒息量止跌或均量起潮
日K線經常收黑或留上影線	日K線經常收紅或留下影線

圖表 2-3-3　台股大盤指數近10年震盪幅度

年度	震盪點數	震盪幅度
2015	2,811	30%
2016	1,803	22%
2017	1,647	18%
2018	1,870	18%
2019	2,806	29%
2020	6,237	52%
2021	3,571	24%
2022	5,990	33%
2023	3,944	28%
2024	7,265	41%

資料來源：CMoney 法人投資決策系統

當盤整結束，攻擊訊號出現時，買進當時主流股中的 A 咖，強勢股中的強棒，押寶股市的領頭羊，就像印鈔機插電後可以源源不絕的印鈔票，享受漲不停的波段行情。例如近年曾夯過一段時間的主流產業：AI 伺服器、液冷散熱、CoWoS 先進封裝設備、CPO 光通訊等，製造出雙鴻（3324）、奇鋐（3017）、弘塑（3131）、均華（6640）、華星光（4979）、聯鈞（3450）、光聖（6442）等明星飆股。

透過 4 步驟 挑出波段飆股

順勢操作之下，判斷現在是多頭還是空頭之後，接著就是選擇個股。隨著時代變遷，投資人的操盤習慣也在改變。以前到「號子」（證券公司營業廳）裡去演講，投資人會問的、會聊的話題多半都環繞在技術分析領域，不然就是明牌小道消息，而現在早已大不相同，大家從手機 App 看盤、下單，訂閱各種財經 Youtube 頻道，更注重總經趨勢、產業動向、企業獲利等基本面資訊。

然而，面對這麼多的消息來源，有人說這檔股票好、有人說那檔股票非買不可，到底該聽誰的？我建議可以參考中醫診察疾病的基本方法，即「望聞問切」：望診、聞診、問診、

切診,這4種方法各有獨特的作用。

中醫裡面的「望」是觀察病人的身體狀況,包括面色、舌苔等;「聞」是聽病人的說話、咳嗽、喘息;「問」是詢問病人症狀以及患病史等;「切」是用手把脈診察目前是否有異常。

同樣地,投資可依循「望、聞、問、切」關鍵4步驟:

- **望**:先判斷盤勢多空趨勢。
- **聞**:再專注聚焦題材及主流產業。
- **問**:接著由關鍵線索、財務報表或籌碼面選出有翻倍基因的飆股。
- **切**:有紀律、有系統地進出場操作,並設立停損停利點。

藉由「望、聞、問、切」4步驟,有系統的挑出值得買進的波段飆股,達成每季獲利30%的目標,我將篩選後的這類飆股稱之為「極上股」,再加上有紀律的操作,相信即使是股市小白也能容易上手,輕鬆達到累積資產的效果。

第 3 章

飆股獲利步驟 1：
判斷多空趨勢

3-1
4個總經指標預判股市風向

研究股票是我的本業，同時我也喜歡上節目分享我的投資心法，甚至常常受邀到各地去演講，對象從在校的學生、一般社會大眾到專業的金融從業人員都有。

讓我覺得印象深刻的是，從以前到現在，聽完演講之後，聽眾問的問題多半都會圍繞著：「股市的趨勢怎麼看？」「這波下跌會跌到何時？」讓我深感一般投資人，不分職業、年齡，都很關心趨勢，卻苦於不知道如何觀察與辨別多空。

在網路資訊發達的時代，大家只要會用 Google 搜尋，相信都能找到一堆跟基本面、趨勢相關的數據或報導，然而，

為什麼資訊量比以前還要多，投資人卻還是無法判別投資市場未來的走向？

老實說，我不是總經專家，不過站在實戰操盤、投資立場，想和投資人分享幾個一定要特別關注的指標，也是我在股海馳騁多年，對投資決策非常有幫助的指標。

指標1：美國ISM製造業指數 即時反映景氣變化

美國ISM製造業指數是由美國供應管理協會（ISM,Institute for Supply Management）發表的，每月針對20種製造業裡300多家公司的採購經理人進行問卷調查，問卷內容包含與製造業相關的10個項目：

1. 生產（Production）
2. 新訂單（New Orders）
3. 人力僱用（Employment）
4. 供應商交貨時間（Supplier Deliveries）
5. 存貨（Inventories）
6. 客戶存貨（Customers' Inventories）
7. 原料價格（Prices）

8. 未交貨訂單（Backlog of Orders）

9. 新出口訂單（New Export Orders）

10. 進口（Imports）

每一個指標都會有各自的指數，透過這些指數來對製造業的整體狀況做評價。

ISM 製造業指數的 10 個細項中，把最常被觀察的：生產、新訂單、人力僱用、供應商交貨時間、存貨這 5 個指標平均計算權重，就是 ISM 製造業 PMI 指數（採購經理人指數），市場上有時候提到的 ISM 製造業指數，其實指的是 PMI 指數。

因為 ISM 製造業指數是透過問卷調查來詢問第一線採購經理人的看法，而採購部門通常更容易提早察覺到市場需求變化，所以從經濟意義上來看具有領先意義。此外，ISM 製造業指數在每月第一個工作日就發布上個月數字，相對其他經濟指標遞延數天甚至到中下旬才發布，這項指標算是非常即時快速，有利於投資的輔助判斷。

美國 ISM 製造業指數可說是相當重要的經濟指標，一方面能反映出美國製造業的景氣變化，另一方面，由於美國製造業表現與全球經濟高度關聯，因此也可作為全球景氣週期

判斷的參考。**當 ISM 製造業指數高於 50 時，表示製造業活動擴張；低於 50 則表示製造業活動收縮，對股市就要保守應對，小心震盪回檔。**

觀察 ISM 製造業指數和標普 500 指數（S&P 500）的走勢，基本上會發現，ISM 製造業指數的各個高峰與低谷，其實和股市的高低轉折大致上是差不多的，換句話說，2 個指數往往是亦步亦趨、同增同減，但偶爾互換領先。

圖表 3-1-1　ISM 製造業指數與 S&P 500 常亦步亦趨

資料時間：2020/04 ～ 2025/03

進一步來看，當 ISM 製造業指數在高檔區開始滑落時，股市或許還能繼續上漲，不過後續報酬表現將趨於收斂；反而是當 ISM 製造業指數滑落至 40 附近或以下，來到長期低檔區，此時逢低布局股票能得到更佳的報酬。

　　另外，我們也可以再透過 ISM 製造業指數其中的「新訂單」與「客戶端存貨」，這 2 個指標相減之後的表現來觀測景氣。當經濟好轉時，製造業活動漸趨熱絡，導致供需提升，客戶端存貨逐漸下滑，進而帶動廠商新訂單增加，指標相減後的數值會在 0 軸之上且持續擴大，這就是市場常說的「拉貨」或「補庫存」階段，企業營運展望正向，股市多呈現上漲。

　　相對地，當經濟趨緩時，製造業活動逐漸衰減，導致供需下滑，客戶端存貨逐漸上升，進而影響廠商新訂單減少，指標相減後的數值會在 0 軸之下並持續擴大，進入去化庫存階段，企業營運展望保守，必須慎防股市進入空頭。

指標2：薩姆規則衰退指標　警示經濟衰退

　　「薩姆規則」對於一般投資人來說，可能較為陌生，不過過去 70 年以來，用在警示經濟是否衰退幾乎從未失靈，投資若想求得平安符，薩姆規則不可不知！

此為前美國聯準會（Fed）經濟學家克勞蒂亞‧薩姆（Claudia Sahm）提出，薩姆發現，當美國 3 個月失業率移動平均值，減去近 1 年失業率低點，所得數值超過 0.5% 時，意味著經濟體正經歷衰退階段。自從 1953 年以來每次衰退階段皆符合此情況，故此指標被命名為「薩姆規則衰退指標」。

進一步來檢視薩姆規則近年來的預估是否準確（見圖表 3-1-2）：

圖表3-1-2　薩姆指標觸發警示經濟衰退

薩姆規則觸發	薩姆規則（%）	衰退開始月份	
1953/11	0.63	1953/07	4 個月前
1957/10	0.5	1957/08	2 個月前
1959/11	0.6	1960/04	5 個月後
1970/03	0.77	1969/12	3 個月前
1974/07	0.6	1973/11	8 個月前
1980/02	0.53	1980/01	1 個月前
1981/11	0.6	1981/07	4 個月前
1990/10	0.53	1990/07	3 個月前
2001/06	0.53	2001/03	3 個月前
2008/04	0.5	2007/12	4 個月前
2020/04	4	2020/02	2 個月前
2024/07	0.53	―	―

資料來源：BofA Global Investment Strategy, Bloomberg

- 2001 年 6 月，薩姆規則 0.53%（前一個月為 0.47%）：網路泡沫破裂，這場衰退持續 8 個月，從 2001 年 3 月至 11 月。

- 2008 年 4 月，薩姆規則 0.5%（前一個月為 0.47%）：因為全球金融海嘯，這場衰退持續長達 18 個月，從 2007 年 12 月持續到 2009 年 6 月。

- 2020 年 4 月，薩姆規則 4%（前一個月為 0.3%）：2020 年初 COVID-19 在全球快速蔓延，聯準會即時在 3 月宣布實施無上限量化寬鬆計畫（無限 QE），力挽狂瀾拯救經濟，讓這場衰退僅持續 3 個月。

- 2024 年 7 月，薩姆規則 0.53%（前一個月為 0.43%）：美國 7 月份失業率攀升到 4.3%，導致薩姆規則警報大響，引爆 8 月初一波股災。不過失業率上升不是因為勞工需求減弱，而是勞動供給增加，最主要是移民激增，再加上颶風的短暫天災影響。這次薩姆規則竟然史上首見失靈，經濟並未衰退，就連指標的創造者薩姆都親自坦承，這次衰退指標失效。

綜合上述事件，除了在 2020 年時，因為美國聯準會即時實施無限 QE 之外，當觸碰到薩姆規則時，衰退期至少約 8 個月以上，薩姆規則自然成為不容忽視的總經數據，只是薩姆

規則並無法事先預測衰退，當超過警戒線 0.5% 發出警報時，經濟已步入衰退階段。即使如此，對於投資人來說，還是能產生「早期發現，早期治療」的功效，避免在空頭漩渦中越陷越深、被完全吞沒。

▊ 指標3：景氣燈號搭配領先指標　更具參考性

2024 年 7 月國發會公布 6 月景氣燈號，出現了睽違 30 個月以來的紅燈，一方面顯示景氣熱絡，但另一方面也開始讓長期投資者猶豫，是否該逢高出清持股？畢竟多年來市場流傳一句話：「藍燈買股票，紅燈賣股票」，似乎景氣紅燈出現也表示股市已過熱，再不離場就準備留下來洗碗？我們不妨透過歷史數據來印證燈號與股市的關係，以及比起看燈號，看「領先指標」更有用。

景氣燈號是以貨幣總計數 M1B（貨幣流通量）、海關出口值、製造業營業氣候測驗點、股價指數、工業生產指數等 9 項指標所構成，並以 5 種顏色的燈號來表示當前景氣狀況的一種指標，以「綠燈」表示當前景氣穩定、「紅燈」表示景氣熱絡、「藍燈」表示景氣低迷，而「黃紅燈」及「黃藍燈」兩者則為觀察後續景氣是否發生轉向的注意性燈號。

圖表3-1-3　景氣燈號顏色代表意義

燈號	分數	景氣狀態
藍燈	9～16	低迷
黃藍燈	17～22	轉向復甦
綠燈	23～31	穩定
黃紅燈	32～37	轉向熱絡
紅燈	38～45	熱絡

過去不同景氣燈號時台股的表現分別為何？許多投資人擔心景氣亮紅燈，股市距離大回檔也不遠了！然而實證結果顯示，紅燈不是不能買，這種焦慮只是投資順口溜所造成的迷思。

根據回測過去，在不同景氣燈號下進場投資台股的未來1年報酬率，結果發現在紅燈時進場的表現最佳，平均報酬率高達近40%，其次是黃紅燈時期，報酬率為34.8%，都超過了在藍燈時進場的22.7%。

原來在景氣谷底時摸黑抄底，投資績效未必理想，推估可能是因為基本面仍充滿疑慮，會讓股價難以伸展。至於在代表經濟穩定的綠燈時進場，未來1年的平均報酬率其實最低，僅有3.3%。

以上歷史數據回測的結果是否令人大感意外？既然在紅

燈時進場台股的表現優於其他燈號，那麼就再進一步分析，該在第幾顆紅燈出現時進場呢？正解是：第一顆！

當景氣從其他燈號首度轉為紅燈時，進場持有 3 年的平均報酬率可以高達 265.3%！所以看到紅燈乍現，不是快閃，而是進場！因為剛轉為紅燈時，經濟情況才開始轉熱，股市往往還有很強的續航力，有時候甚至會在紅燈、黃紅燈之間來回閃爍，週期甚至可長達 16 個月。

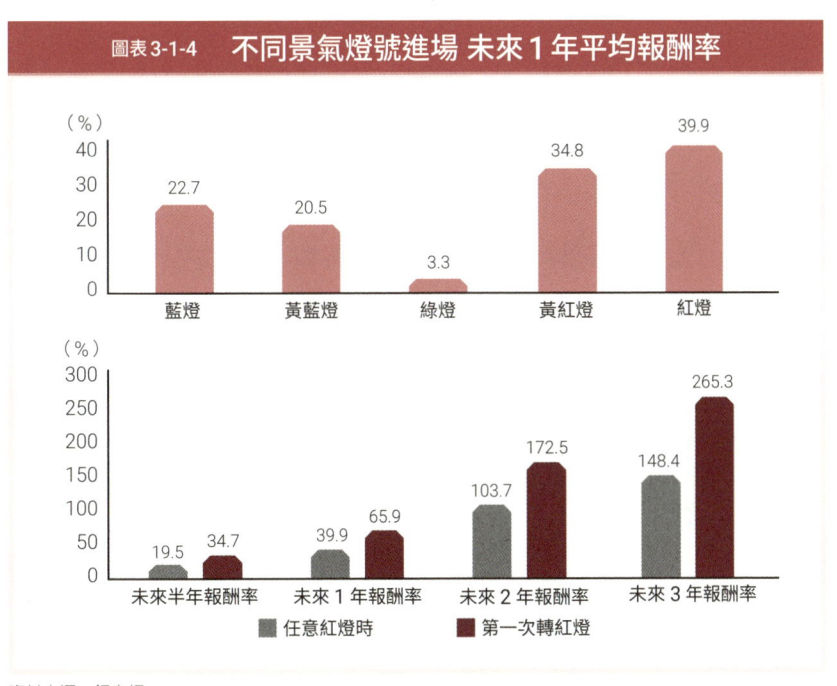

圖表3-1-4　不同景氣燈號進場 未來1年平均報酬率

未來1年平均報酬率（%）：
- 藍燈：22.7
- 黃藍燈：20.5
- 綠燈：3.3
- 黃紅燈：34.8
- 紅燈：39.9

任意紅燈時 vs 第一次轉紅燈（%）：
- 未來半年報酬率：19.5 / 34.7
- 未來1年報酬率：39.9 / 65.9
- 未來2年報酬率：103.7 / 172.5
- 未來3年報酬率：148.4 / 265.3

資料來源：鉅亨網
資料時間：1984～2024 年

剛剛提到的景氣燈號，都是在每月月底公布上個月的景氣情況，因為股市反映的是「未來」，此時股市畢竟已經反映一段時間，所以燈號應用在投資還是有一定程度的落後性。

我會建議大家搭配和燈號一起公布的「領先指標」一併追蹤觀察。景氣領先指標顧名思義是具有領先景氣變動性質的指標，其轉折點常常會領先其他景氣指標。

圖表 3-1-5 為 2000 年以來，當景氣領先指標相較前 1 個月發生轉折，對比台股後續的表現，可以發現**當領先指標由負成長轉為正成長時，台股在隔月的上漲機率大增；反之，當領先指標由正成長轉為負成長時，台股隔月的下跌機率大增**。而如果對照當時的景氣燈號，反而看不太出來有明顯的訊號，因此不想錯過股市的波段買賣點，景氣燈號搭配領先指標會更有完整參考性。

指標 4：出口年增率 全球股市領先指標

台灣為出口導向的國家，且半導體在全球具有領先地位，貿易對象也多為大經濟體如美國，因此台灣出口指標為全球景氣榮枯關鍵風向球。當台灣出口年增率上漲，則代表出口的動能增加，當年增率下降，則代表出口的動能減少。

圖表3-1-5　領先指標負轉正後台股的表現

月份	景氣燈號	領先指標由負轉正	該月大盤漲跌（%）	隔月大盤漲跌（%）
2009/01	藍燈	0.27	7.28	14.34
2011/12	藍燈	0.3	6.29	8.04
2014/12	黃藍燈	0.03	0.59	2.78
2015/12	藍燈	0.08	−2.31	3.27
2018/12	藍燈	0.22	2.11	4.6
2020/04	黃藍燈	0.55	−0.45	6.21
2021/06	紅燈	0.28	−2.86	1.41
2022/11	藍燈	0.05	−4.99	7.98
2023/11	黃藍燈	0.07	2.85	−0.23

資料來源：國發會、元大投顧
備註：領先指標由負轉正是指相較前一個月的指數變化。

圖表3-1-6　領先指標正轉負之後台股的表現

月份	景氣燈號	領先指標由正轉負	該月大盤漲跌（%）	隔月大盤漲跌（%）
2000/05	綠燈	−0.23	−7.54	−1.82
2002/07	綠燈	−0.09	−3.55	−12.03
2004/06	黃紅燈	−0.04	−7.17	6.36
2007/10	黃紅燈	−0.11	−11.58	−0.93
2011/04	綠燈	−0.11	−0.21	−3.74
2014/06	綠燈	−0.06	−0.82	1.29
2015/03	黃藍燈	−0.08	2.44	−1.21
2018/08	綠燈	−0.13	−0.52	−10.94
2019/11	綠燈	−0.1	4.42	−4.18
2021/04	紅燈	−0.06	−2.84	4.03
2021/12	紅燈	−0.08	−2.99	−0.13
2023/03	藍燈	−0.12	−1.82	6.42

資料來源：國發會、元大投顧
備註：領先指標由正轉負是指相較前一個月的指數變化。

舉例來說，2010 年 1 月台灣出口達到高點下滑後，2011 年股市也達到高點，之後的 2014、2017、2021 年也出現類似情況，因此我們可以將台灣的出口視為全球股市的領先指標。

圖表3-1-7　台灣的出口年增率為股市領先指標

資料時間：2002/01～2025/03

最後，我想強調，影響市場趨勢及股價的原因有很多，基本面只是其中一個面向，對於習慣「由上而下法」（Top － Down）來研究股票的投資人來說，掌握總經的走向是第一步，接著切入產業，再導入個股。相反地，擅長「由下而上法」（Bottom － Up）的投資人則是更專注在研究個股，例如股神巴菲特（Warren Buffett），多次強調他無法預測總體經濟，只會致力於挖掘被低估的價值股。

研究方法沒有對錯，端看個人投資屬性。接下來，我會針對資金面、心理面、產業趨勢等做進一步的分析，希望能夠引領讀者，找到自己最擅長的研究方法，進而提高勝率。

3-2 有資金流入 行情才能走得久

想像一下，在你面前有一個標示刻度的水杯，而你正拿著一壺水，往杯子裡面倒，隨著倒入的水越多，水位就越來越上升……如果把杯子的刻度想像成大盤指數，而注入的水即是投入的資金，水越多、水位就越高，也就是我們常說的「資金行情」。

因此，帶動股市上漲除了前一節提到的基本面，還有一種推力是「資金行情」。從哪些跡象能夠觀察到資金行情呢？

大家應該有聽過「超額儲蓄」[6]，根據行政院主計總處

---

6. 根據總體經濟學定義，「超額儲蓄」是指一國的總儲蓄超過總投資的部分，包括民間儲蓄、企業盈餘與政府財政結餘。若這些資金未被有效吸收進入實體投資，可能會轉向金融資產市場，例如股市或房市，形成資金動能，也帶動資產價格上漲。

統計，2024年超額儲蓄高達4.01兆元，首度衝破4兆元，創歷史新高，另外還有活期存款約24兆元、證券劃撥存款餘額近3.5兆元，這3項新高紀錄均是資金動能充沛的印證。

值得一提的是，超額儲蓄的錢並非字面上看來長期處於「閒置」狀態，就實際情況而言，當年度賺到這麼多錢後，扣除實體投資仍有餘裕，就可能流向股市、房市，以獲取較高報酬，而這股資金動能就像注入水杯裡的水一樣，推升近年國內外金融市場的行情。

圖表3-2-1　近年台灣超額儲蓄概況

年度	超額儲蓄金額（兆元）	超額儲蓄率（%）
2019	2.25	11.86
2020	3.16	15.83
2021	3.58	16.47
2022	3.33	14.61
2023	3.37	14.31
2024	4.01	15.68
2025（預測）	4.58	17.04

資料來源：主計總處

資金流向 利率是關鍵指標

不過,不是手上有閒錢,就一定會拿來投資,決定「錢的流向」的關鍵,最主要看的是利率。畢竟,水往低處流、人往高處爬,相同地,錢也會往有利可圖的地方去。

一般情境下,假設美國升息,美元 1 年期的存款利率達 5%,而台灣 1 年期的存款利率僅有 1.7%,在不考慮匯差的情況下,你會選擇存 5% 還是 1.7%?因此,判斷資金行情會不會發酵?以及發酵的時間有多長?利率是重要的觀察指標之一。

利率對我們的生活、經濟和投資所帶來的影響,遠遠超乎想像。尤其美國的指標利率,是全球金融資產價格調整的基準,此外,世界各國的中央銀行,包含台灣在內,基本上都會參考美國利率的方向並且大致上維持同調。

所以,身為股票投資人,我們必須留意聯準會和中央銀行的利率政策,根據利率上調或下調,做出相應的投資決策。

聯準會是美國的中央銀行,它不只決定主要的經濟政策,還負責調節貨幣量與利率。聯準會是透過聯邦公開市場委員會(FOMC,Federal Open Market Committee)來決定利率,FOMC 會議每 6 週舉行 1 次,每年共舉辦 8 次。委員會由 7 位聯邦儲備系統理事、12 位聯邦儲備銀行總裁,共 19 人所組成。

而聯準會到底以什麼為依據來調整利率呢？基本上，當物價指數高於目標水準（目前設定為 2%），且就業市場維持穩定時，就會升息；反之，當失業率高於目標，且通膨壓力趨緩時，就會降息。

為了抑制通膨，美國從 2022 年 3 月以來採取暴力升息，直到 2024 年 6 月起宣布放緩縮表，並於同年 9 月開始進入降息循環。投資人常會擔心，啟動降息是不是代表不看好經濟前景？在回答這個問題之前，先來了解降息的原因。美國自 1984 年以來的降息可分成 3 種情境：

1. 衰退式降息：即景氣衰退時，透過降息來挽救經濟。
2. 預防性降息：為了預防經濟因高利率而步入衰退，提早降息因應。
3. 緊急性降息：遇到天災、戰爭等緊急突發狀況，快速降息以避免影響經濟。

過去 40 年以來，美國總共經歷 10 次降息循環（不包含 2024 年 9 月啟動的新一輪降息），美股 S&P 500 指數在衰退式降息中的表現最差（見圖表 3-2-2），緊急性降息則是短空

長多；至於預防性降息，股市在 1 個月內漲跌並不明顯，但 3 個月後就有平均 4% 的正報酬，1 年後更達到平均 13.3% 的漲幅，可說是先盤再漲。

圖表3-2-2　過去 40 年來美國降息後 S&P500 指數報酬率

啟動降息循環年月	降息情境（原因）	首次降息幅度（%）	1 個月報酬率（%）	3 個月報酬率（%）	1 年報酬率（%）
1984/09	預防	0.25	−1	−0.7	8.6
1987/10	緊急	0.25	−2.5	−0.7	13.9
1989/06	預防	0.5	−0.4	9.8	14.1
1990/07	衰退	0.5	−8.1	−19.8	3.5
1995/07	預防	0.25	0.9	5	21.4
1998/09	緊急	0.25	1.8	18.4	20.9
2001/01	衰退	0.5	0.1	−18.1	−14.3
2007/09	衰退	0.5	1.4	−4.9	−23.9
2019/07	預防	0.25	−1.9	1.9	8.9
2020/03	緊急	0.5	−17.7	2.6	27.2
衰退性降息平均報酬率			−2.2	−14.3	−11.6
緊急性降息平均報酬率			−6.1	6.8	20.7
預防性降息平均報酬率			−0.6	4	13.3

資料來源：Carson Investment

簡單來說，**利率是貨幣政策的水庫閘門，升息時閘門降下、收回資金，降息時閘門升起、注入資金**，再透過資金引導，流入實體產業則有利經濟復甦，流入股市則有利多頭行情。

一般而言，升息階段股市會先漲後跌，一開始是為了壓抑通膨，隨著資金成本不斷提高，而逐漸開始傷害經濟，最終導致股市回檔；相反地，降息階段股市通常會先跌後漲，因為一開始大家容易把降息和經濟衰退聯想在一起，後續若能確認經濟無衰退疑慮，股市便能受惠於資金行情。

雖然利率是經濟和投資很重要的指引，但也不能從單一面向來解讀，還須搭配其他的經濟數據做更全面性的判斷，才不會偏離現況。

▎殖利率倒掛是預警訊號

另一個可以看出金融市場資金變化的指標則是債市，因為債市與股市是天秤的兩端，一般來說，兩者的表現不會同步，因此，若資金都轉向債市，讓債券的價格上漲、殖利率走低，其背後意味著投資人此時不想承擔風險；相反地，若債券價格下跌、殖利率走高，則代表資金不願停泊在債市，而是會流向較高風險的股市。

在觀察債市的時候，一定曾看過「殖利率倒掛」這個名詞，通常是以美國公債殖利率最具代表性，在正常的情況下，長天期公債殖利率理應比短天期公債殖利率還要高，但如果出現反常，也就是短天期債券殖利率高於長天期債券殖利率時，就被稱為「殖利率倒掛」。

例如 2022 年短天期利率因為反映聯準會升息而快速上升，而長天期利率在經濟前景疑慮之下，上升幅度較少，因而從 2022 年 7 月後一路倒掛至 2024 年 9 月，創下有史以來最長的一次倒掛紀錄。

根據長、短天期公債殖利率的利差變化，代表著景氣循環的 4 個階段：

1. 經濟成長階段：經濟活動強勁、通膨預期溫和，短利受央行升息影響上升較快，利差持續縮窄。
2. 經濟過熱階段：經濟活動過熱、通膨預期強勁，迫使央行加快升息導致短利超越長利，利差反轉翻負。
3. 經濟衰退階段：通膨抑制消費，利率高檔引發違約風險，整體經濟轉弱，央行降息刺激經濟，短利快速下降，利差開始擴大。

4. 經濟復甦階段：央行維持寬鬆，債券殖利率曲線維持陡峭，長短利率穩定，利差高檔持穩。

圖表3-2-3　利差翻正後的殖利率曲線

美國 10 年期公債－ 2 年期公債殖利率

2007 年衰退式降息：
殖利率曲線斜率轉陡峭→債優於股

2019 年預防性降息：
殖利率曲線斜率維持平坦→股優於債

S&P 500 指數　　美國 10 年期公債價格走勢

資料來源：CMoney 法人投資決策系統
資料時間：（上）2004/01/02 ～ 2025/04/14、（左下）2007/06/08 ～ 2009/07/01、（右下）2019/09/13 ～ 2020/01/31

由於殖利率倒掛通常發生在景氣過熱、通膨升溫的階段，聯準會才必須要用升息的手段來抑制通膨。所以當出現殖利率倒掛的時候，有些投資人對於未來經濟成長會感到擔憂，甚至認為殖利率曲線結束倒掛即為衰退訊號。

基本上，還是得由利差翻正後的殖利率曲線來判斷，如

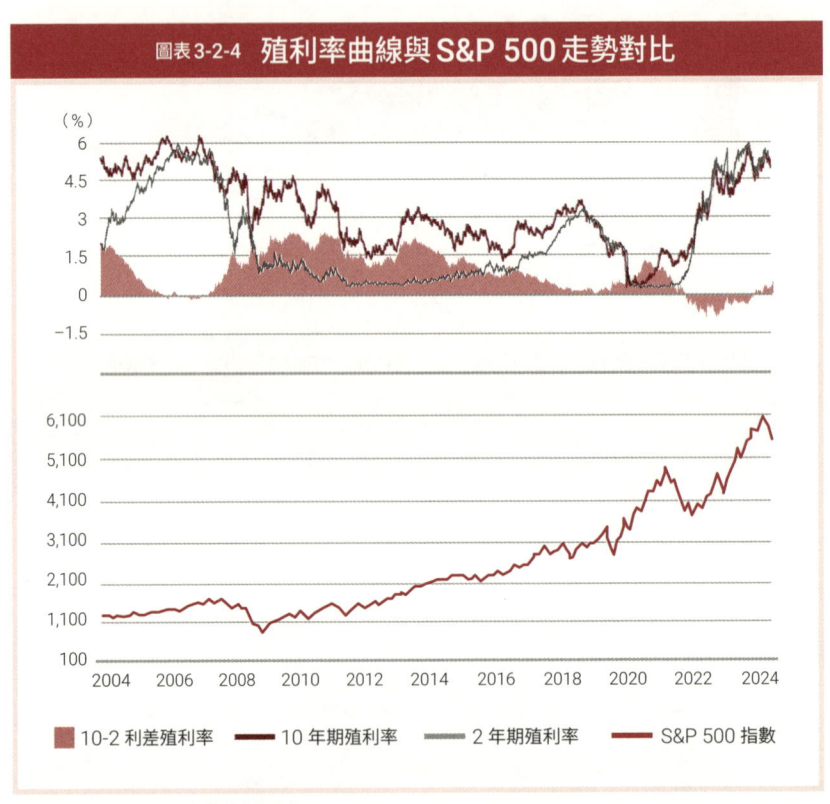

圖表3-2-4 殖利率曲線與S&P 500走勢對比

資料來源：CMoney 法人投資決策系統
資料時間：2004/01/02～2025/04/14

果角度維持平坦，表示降息手段偏向溫和，也就是屬於前述的預防性降息，基本面趨於穩定不再惡化，聯準會就不需要再持續大幅度降息，此時股市表現將優於債市。如果是大幅度降息，長短天期利率同步加速下行，且短天期會降得更快，最終導致殖利率曲線結束倒掛後，斜率轉向陡峭，此時債市表現將勝過股市。

其實不論是殖利率曲線倒掛、翻正或轉向陡峭，都是在反映背後經濟成長的變化，因此，殖利率曲線倒掛本身並非造成衰退的原因，而是一個預警訊號，反映經濟趨緩後衰退的可能性。

貨幣供給量反映資金流動性水位

美國曾經為了救市，大量印鈔票，即是所謂的「量化寬鬆貨幣政策」，可見市場上的貨幣供給量，反映出市場資金流動水位，當一國的央行貨幣供給越高，代表資金環境較為寬鬆，市場流動性逐漸改善，此時股市有充沛資金流入，推升全球股市上漲；反之若該數值越低，代表資金環境趨於緊縮，市場流動性較差，資金將從股市撤出，此時全球股市較為疲弱，有回檔風險。

在觀察貨幣供給量的時候，最常看到以下幾個指標：

- M1A ＝ 通貨淨額（現金）＋ 支票存款 ＋ 活期存款（簡稱活存）
- M1B ＝ M1A ＋ 活期儲蓄存款（簡稱活儲）
- M2 ＝ M1B ＋ 準貨幣（定期存款、郵政儲金、外匯存款）

簡單來說，M1 為狹義的貨幣供給，代表流動性較高的資金，也就是每個人手上可隨時動用的資金；而 M2 則為廣義的貨幣，代表流動性較低的資金，同時也可以代表整個經濟體系或市場的資金。

流動性高的 M1B 大幅增加，顯示民眾較願意持有活期儲蓄存款，進而可能反應在消費和投資上。所以 M1B 代表民間資金活動力，作為景氣是否活絡的衡量指標之一。從圖表 3-2-5 更可以發現，當 M1B 年增率由靠近 0 軸附近回升，或由 0 軸以下向上回升時，往往是台股波段布局時機。

有資金流入，才能推升股票市場行情，搭配基本面的支撐，能夠讓行情走得長久。不過，股票市場可沒這麼好預測，因為投資人的心理面，往往才是左右買賣進出的關鍵，該怎麼分辨？下節見分曉。

圖表3-2-5　**M1B年增率與台股**

3-3
什麼時候該「別人恐懼我貪婪」

　　有不少人把「人多的地方不要去」視為投資心法，因此當股市漲的時候，不敢進場，害怕被割韭菜；大家都看空股市的時候，也不敢低接，擔心接到燙手山芋。

　　我不百分百認同「人多的地方不要去」這句話，因為對一檔正在趨勢向上的股票來說，就是因為有買氣，才能不斷的推升股價，如：台積電，如果一直擔心從眾會導致失敗，那就會永遠錯失投資的時機。

　　「順市場趨勢、反群眾心理」是我的座右銘，因為唯有「順著市場的趨勢」才能賺到錢，更有趣的是，「市場趨勢」往往不等同於「群眾心理」，這是因為投資人在做投資決策

的時候，不見得是理性的；可能會加速股市過熱或超跌，最終導致不理性的買賣。

因此，這邊分享幾個滿實用的心理面指標，能把市場情緒具體量化，搭配前面提到的基本面、資金面，一定能夠做出更精準的趨勢判斷，操作有了導航器，就不會找不到方向。

指標1：VIX波動率指數 危機入市者必看

VIX 波動率指數（芝加哥選擇權交易所波動率指數），主要是用來反映 S&P 500 指數期貨的波動程度，測量未來 30 天市場預期的波動程度，以年化百分比表示。舉例來說，假設 VIX 指數為 15，表示預期的年波動率為 15%。VIX 波動率指數通常用來評估未來風險，因此也有人稱作「恐慌指數」。

歷史上多數時間 VIX 指數皆於 15～25 間波動，通常 VIX 指數超過 40 時，表示市場對未來出現非理性恐慌，對應股市在急跌過後隨時可能出現報復性反彈；相對地，當 VIX 指數低於 15，表示市場出現非理性繁榮，過度樂觀後一旦有了突發利空，賣壓就可能殺得市場措手不及。

VIX 指數的史上最高點出現在 2008 年 10 月，當時投資銀行雷曼兄弟倒閉引發金融海嘯，恐慌情緒驟升讓 VIX 一度

衝上80；另外在2020年3月新冠疫情剛爆發時，VIX也曾飆到76。由歷年經驗可知，VIX衝高後都會在短短幾天內迅速回落，對於想把握危機入市買點的投資人而言，是一個重要參考指標（見圖表3-3-1）。

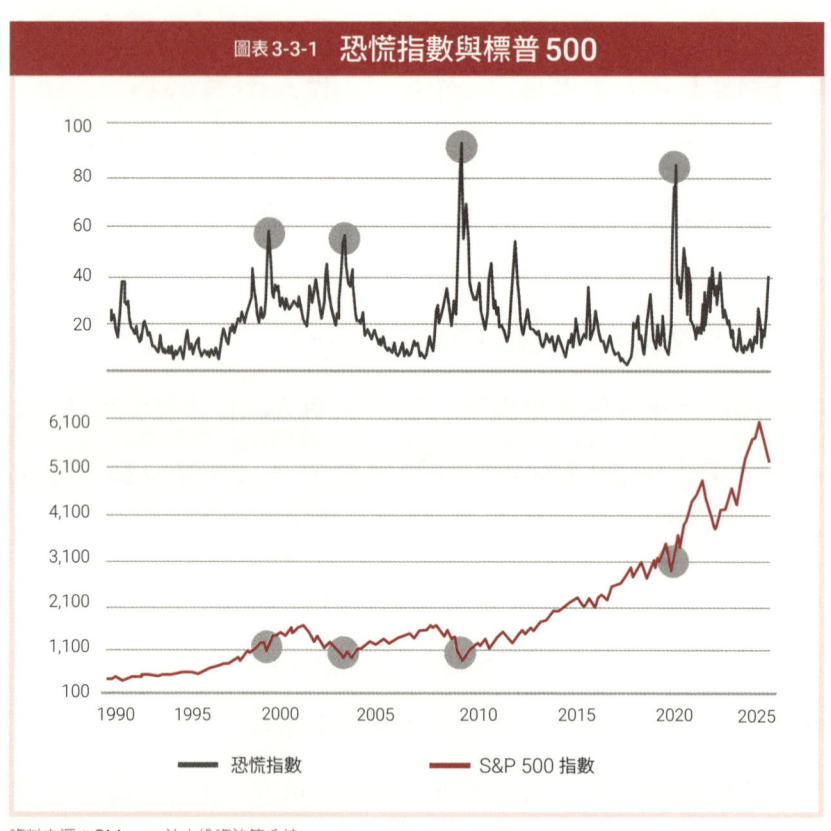

圖表3-3-1　恐慌指數與標普500

資料來源：CMoney法人投資決策系統
資料時間：1990/01/31～2025/04/14

指標2：CNN恐懼與貪婪指數 恐懼時進場勝率高

CNN恐懼與貪婪指數（Fear and Greed Index）是由美國有線電視新聞網（CNN）財經頻道（CNN Business）開發，主要是由7個指標所組成，包括垃圾債券需求、股票價格動能、看跌看漲選擇權、市場波動率等，計算這些單獨的變數偏離其平均值的程度，並賦予相同權重，從而計算出一個綜合指數，反映投資者對市場的情緒和心理狀態。

圖表3-3-2 **CNN恐懼與貪婪指數內含指標**

指標1	垃圾債券需求（Junk Bond Demand）	衡量高收益債券市場的表現，通常表示市場風險偏好提高
指標2	股價動能（Stock Price Momentum/Market Momentum）	反映股市中近期表現較好的股票或行業，通常表示投資者對股市前景較為樂觀
指標3	看跌看漲選擇權（Put and Call Option）	衡量市場對股市未來趨勢的看法，當看跌期權需求增加時，通常表示投資者對股市前景較為悲觀
指標4	市場波動率（Market Volatility）	衡量股市的波動程度，通常表示市場風險偏好下降
指標5	股票價格寬度（Stock Price Breadth）	衡量股市中上漲股票數量和下跌股票數量的差異，通常表示股市整體表現較好
指標6	避風港需求（Safe Heaven Demand）	衡量投資者對避風港資產的需求，通常表示投資者對股市前景較為悲觀
指標7	股票價格強度（Stock Price Strength）	衡量股市中股票價格的強勁程度，通常表示股市整體表現較好

資料來源：CNN

恐懼與貪婪指數的範圍是從 0～100，其值越高，代表市場越貪婪，反之則代表市場越恐懼（見圖表 3-3-3）。可由恐懼與貪婪數值的大小來判斷當下市場的情緒，進而做出對應的投資策略。

圖表3-3-3 CNN 恐懼與貪婪指數代表意義

指數分數	市場情緒	當前市場情況	進出場策略
0～25	極度恐懼	市場陷入過度恐慌，存在價值投資機會	波段或長期投資機會浮現，尋找低估股票
26～44	恐懼	市場修正至相對低檔，利空消息中尋找投資機會	考慮增加持股，並汰弱換強
45～55	中立	多空相對穩定，需要進一步評估後市	依照個人風險承受能力選擇進出場時機
56～74	貪婪	市場漲到相對高檔，追高需要注意回檔風險	保持警覺，減少投資頻率
75～100	極度貪婪	市場進入過熱階段，投資人急切熱衷交易	減碼或出清短期持股

資料來源：CNN

當恐懼貪婪指數在 25 以下時，表示市場處於極度恐慌的狀態，正所謂「人棄我取」，此時股市往往浮現波段買點；而當指數在 75 以上時，市場處於極度貪婪的狀態，股價可能已充分反映利多消息，市場贏家總是少數，遵循「人進我退」的道理，這時候反而應該更謹慎減碼。

光看字面意義，應該會覺得到了極度貪婪的時候要趕快出清持股，極度恐懼則是勇敢站在買方。固然沒錯，不過依照我長期觀察，即使市場情緒已呈現極度貪婪，但因為人性多數時候都是處於貪婪，渴望獲利的時間總是比較長久，甚至說是常態也不為過，即使行情熱度升溫了，可能仍可以再延續，套用技術面來講，也就是「強勢鈍化」，貪婪的人會繼續持有或加碼，所以價格不一定會馬上下跌。

然而恐懼的時間卻往往僅是短暫數天，所以低點出現就該積極把握。從人性以及歷史經驗來看，當市場氣氛在「極度恐懼」時買進，比起「極度貪婪」時賣出，兩種策略相比之下，前者的勝率會更高。

例如 2024 年 8 月初發生股災，台股還連續 2 天都大跌超過千點，8 月 5 日當天恐懼與貪婪指數來到 16，就表示不該再殺低，反而應該找買點。而這次恐懼與貪婪指數停留在 25

以下的極度恐懼區只有 6 天，S&P500 指數 1 個月後以及 3 個月後的漲幅分別達 6.1%、11.5%，台股加權指數也在 2 個多月內漲了 4,000 點。

當然，即使衡量了市場情緒溫度，並不表示投資就可無往不利，建議最好同時搭配基本面、資金面或技術面指標綜合評估，更能夠提高勝率。

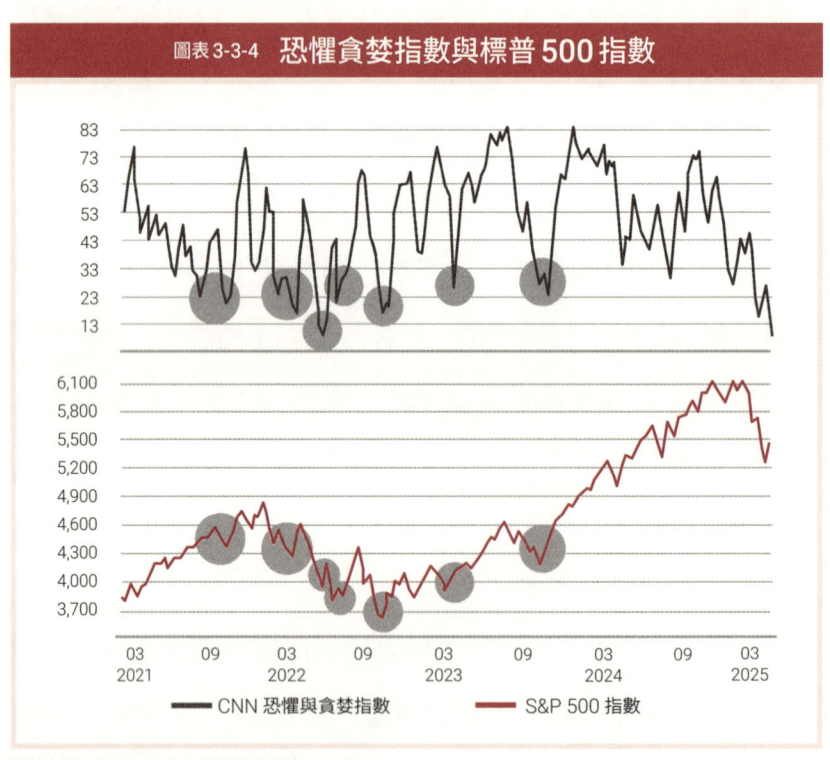

圖表 3-3-4　恐懼貪婪指數與標普 500 指數

資料來源：CMoney 法人投資決策系統
資料時間：2021/01/22 ～ 2025/04/14

指標3：成交量 爆量後的反轉訊號

　　台股集中市場曾經在 2021 年 5 月 12 日創下 7,828 億元天量，是史上首見超過 7,000 億元的成交量，還記得在我剛開始投資的頭幾年，網路科技熱潮曾把台股指數推升上萬點，而當時也曾爆出逾 3,000 億元的「歷史天量」，過沒多久台股就發生暴跌的慘劇。

　　大家都聽過「擦鞋童」的泡沫理論，當全民對股市都陷入瘋狂追價時，行情大概就已在崩盤的臨界點，如同氣球越吹越大，終究是會爆破，而資金不斷投入股市，買盤一旦耗竭，股市的反轉危機就進入倒數時刻。

　　所以，由成交量來看股市，最重要的邏輯是「大量不一定會做頭，但頭部一定爆天量」。因為主力出貨必定要利多加上大量，但大量卻未必表示主力出貨，多數情況只是行情行進間的中繼換手，關鍵在於大量之後的走勢。

　　但問題來了，多少量才叫做大量甚或天量呢？剛才提到，以前台股出現 3,000 億元就是天量了，但現在如果是單日「僅」成交 3,000 億元，大家會說量能萎縮，可見成交量的大小是相對概念，與其說是和時空背景有關，更精準來看，和整體台股市值呈現正相關。

這就像是海水的水位越深，才能乘載更大噸位的船舶。隨著上市櫃掛牌公司不斷增加，而且股價大幅上漲，台股市值也水漲船高，成交金額放大當然也是必要的。

簡單舉例，同樣買賣 1 張台積電，當股價 500 元時，成交一張的金額是 50 萬元，若股價漲到 1,000 元，那麼成交 1 張的金額就變成 100 萬元。所以大盤從 1 萬點漲到 2 萬 4 千點，無論是價或量，都不能還對過往數字定錨。

圖表3-3-5　台股歷年來前 10 大單日成交量

排名	成交量（億元）	日期	當日漲跌（％）	台股市值（億元）	市值/成交量	月均量乖離率（％）
1	7,828	2021/05/12	-4.11	483,749	61.79	49.5
2	7,250	2021/05/11	-3.79	483,749	66.71	42.73
3	7,239	2024/04/19	-3.81	621,114	85.79	56.79
4	6,894	2024/05/31	-0.89	673,902	97.74	47.98
5	6,679	2024/08/05	-8.35	685,205	102.58	28.83
6	6,628	2021/07/13	0.19	548,234	82.71	18.94
7	6,523	2021/04/22	-0.61	528,334	80.98	63.8
8	6,520	2024/08/06	3.38	685,205	105.08	23.9
9	6,506	2024/06/21	-0.65	740,668	113.83	30.11
10	6,474	2021/07/01	-0.23	541,921	83.69	32.75

資料來源：XQ 全球贏家

我認為台股出現 4,000 億元以上成交量將是新常態，而且未來有很高機會再刷新天量紀錄，為什麼呢？一來是台股現在當沖比率很高，當沖很容易助漲助跌且滾出大量，二來是台積電的市值權重不斷提升，台股總市值勢必跟著增加。

進一步比較歷史高峰天量，若以台股市值除以單日成交量來看，大約超過 80 倍就進入警戒區，再衡量和月均量（20 日均量）的乖離率，超過 30% 表示行情短線已浮現過熱警訊。

同樣地，雖然不知道台股波段最高點會出現在何時，但歷史上每次跌倒的姿勢都一樣，爆量後的反轉訊號必須密切留意！

指標 4：融資維持率低檔　建立部位的好時機

融資維持率所代表的意思是：「投資人使用融資買進股票以後，所持有股票市值相對於融資金額的比率。」可以反映出投資者對於市場的信心和風險承受能力，通常也可作為市場的熱度與波動度的參考指標。

簡單來說，股價的漲跌會影響融資維持率；當股價下跌的時候，融資維持率會降低，通常融資維持率如果低於 140%，

券商會跑出報表，列為警示，以此來提醒客戶要補錢；如果進一步低於 130% 還沒補錢，就會直接斷頭。

從圖表 3-3-6 可以看出，圖表上方為加權指數，圖表下方為融資維持率，以近十多年的數據來看，當融資維持率降低至 140%～130%，往往也是台股加速趕底的時候，大盤指數也會來到波段低點。

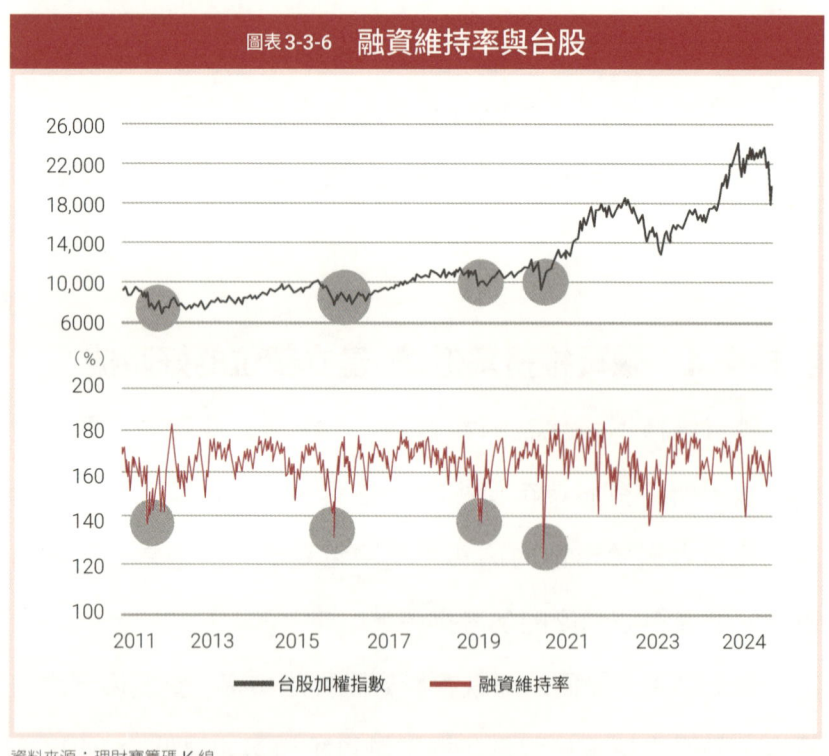

圖表 3-3-6　融資維持率與台股

資料來源：理財寶籌碼 K 線

圖表3-3-7　台股歷年股災後大盤指數與融資維持率低點

融資維持率		大盤指數	
低點	時間	低點	時間
137.3%	2011/08	6,609	2011/12
136.2%	2015/08	7,203	2015/08
137.1%	2018/10	9,319	2019/01
122.5%	2020/03	8,523	2020/03
135.6%	2022/07	12,629	2022/10

資料來源：XQ全球贏家

　　從歷年幾次巨大的金融危機來看，無論是2008年金融海嘯、2011年美國債信危機或2022年爆發俄烏戰爭，都是融資維持率先見到低點不久後，台股隨即落底。

　　美國文豪馬克・吐溫（Mark Twain）曾說過：「歷史不會重複，但總是押韻」，股市裡散戶賠錢出場的宿命總是一再發生，以史為鑑，當下次看到融資維持率暴減，或新聞又提到「融資追繳令萬箭齊發」時，顯示籌碼大肅殺、血流成河，此時股市抄底機會也就近了，散戶墳場，就是長線資金撿便宜的天堂，說來殘酷，卻很真實。

第 4 章

飆股獲利步驟 2：
聚焦題材及主流產業

4-1
跟著股王
找到投資機會

「**老**師,股王還可不可以買?人家都說這種高價股,只要1根紅棒就賺大錢了,應該可以押寶?」在投資界多年,遇過不少股民問我這樣的問題,我無法提供標準答案,因為,股海浮沉,往往「成也股王、敗也股王」。

翻開台股的「股王史」,1989年稱霸一時的國泰金(2882,當時為國泰人壽)曾創下每股1,975元的天價,1997年台灣電子業起飛,華碩(2357)一度以每股890元坐上股王的寶座,接下來,禾伸堂(3026)、威盛(2388)、宏達電(2498)等陸續接棒。

歷年的股王爭霸戰，呈現出台灣經濟、產業的發展史，從金融、PC、IC 設計，到智慧手機，再到手機零組件，現在則進入 AI 的世界，顯然，股王不是千年不敗，而是會跟著產業興衰而替換。所以如果一般小股民問我能不能買股王？甚至以為抱著 1 檔股王就可以賺到飽，那我寧可他不要入手。

▌從歷代股王更迭啟示 發掘共同特點

我觀察明星趨勢產業的獨門心法是：「**以前沒有、現在有，而且未來會更多**」。蘋果（Apple）所開創的智慧型手機時代，曾享有多年光環，但時至今日已高度飽和，「現在很多，未來恐怕會變少！」所以手機周邊相關個股，如果不積極轉型，即使獲利不錯，股價也是打折再打折，市場給予的評價只會往下調整。

反觀現在微軟（Microsoft）、Google、亞馬遜（Amazon）、臉書（Meta）都要開發自己的 AI 晶片，AI 將從雲端逐漸連結手持裝置，從工廠產線到居家生活擴大應用，可預見滲透率將加速遞增，AI 非常符合「未來會更多」的趨勢產業發展條件。

由此可知，我們可以從歷代股王變遷看產業更迭，從中尋找下一個投資亮點與機會。

被動元件股王：國巨

2016下半年，日本 MLCC（積層陶瓷電容）第一大廠村田看好車用、工業、高階手機等利基型產品應用，會有較高的平均銷售價格和毛利，遂逐步停產中低階 MLCC，標準型產品產能釋出規模達 20%，造成一波轉單潮。

而國內大廠國巨（2327），是橫跨積層陶瓷電容、晶片電阻、電感、固態電容的全方位被動元件集團，選擇與日本龍頭走一條不同的路進行全面擴產，隔年就受惠於轉單效應及手機、筆電大廠需求，MLCC 因供不應求而連續漲價 4 次，讓業績暴增。

2017 年國巨稅後純益年增 68% 至 66.56 億元，以減資後股本計算 EPS（每股盈餘）達 18.99 元，較前一年度的 6.83 元翻倍；2018 年持續受惠 MLCC 供不應求及漲價，公司業績大增，股價也水漲船高，於當年 7 月 3 日飆上 1,310 元的歷史高點。

國巨大漲的氣勢，帶動旗下的奇力新（已被併購下市）、智寶、凱美（兩家已於 2019 年正式合併）被動元件廠的股價接連噴出，一併也激勵了華新科（2492）集團股價跟進比價，一時之間被動元件成為最火熱的產業，在缺貨漲價的題

材助攻之下，多檔被動元件股的漲幅都是論倍計算，還記得在 2017～2018 期間，身邊不少股市新手都因搭上順風車，參與了國巨和華新科集團的飆漲而賺到第一桶金。

▪ **史上最久股王：大立光**

2014 年 4 月 28 日，大立光（3008）以 1,990 元突破國壽在 1989 年 6 月創下的 1,975 元天險，登上台股有史以來股價最高的超級股王。

以為股價來到天花板了嗎？不！2017 年法人看好大立光受惠蘋果推出 i8、i8+ 及 iX，股價於 2017 年 8 月 25 日寫下前無古人的 6,075 元天價。當時市場常說「一顆蘋果救台灣」，可見蘋果概念股尤其是 iPhone 零組件，就是當時最重要的投資主流，除了養成台股新一代股王，舉凡玉晶光（3406）、台郡（6269）、臻鼎-KY（4958）、穩懋（3105）、全新（2455）、新普（6121），都是盤面吸金的人氣股。

在歷年不斷更迭的股王中，我最敬佩的是大立光，雖然早已卸下桂冠，不過擔任股王的時間最久，前後長達將近 7 年，而且在千元以上的時間也是最穩、最長，彰顯出長期競爭力的確不凡。

相較之下，紅極一時的被動元件禾伸堂（3026）或是IC設計威盛（2388）、太陽能益通（已下市）、博弈伍豐（8076）等歷代短命股王，比較像是恰好搶賺了時機財，甚至是炒作的泡沫、短暫的流星。

- **AI 產業：世芯-KY 與信驊的股王之爭**

世芯-KY（3661）與信驊（5274）兩檔超高價股，從2024年起激烈競逐股王寶座，成為市場關注焦點，股價也先後創下4,565元和5,345元的高峰。後來居上篡位的股王信驊，是全世界最大的基板管理控制器（BMC, Board Management Controller）供應商，當AI在全球爆紅，每台AI伺服器所需的BMC數量明顯多於一般伺服器，隨著AI伺服器出貨比重持續提升，為信驊帶來長期的商機。

而世芯-KY雖然暫失股王寶座，不過，AI對高階晶片需求大增，催生IC設計與IP需求，國際科技巨頭紛紛來台邀約合作，世芯-KY為特殊應用IC（ASIC）龍頭，有望在2025、2026年持續擴大接單，外資仍看好其長期爆發力，普遍給予4,000元以上目標價。

世芯-KY和信驊繼續上演股王爭霸記，而且緊追在後的

幾檔千金股也都和 AI 產業相關，可見未來數年內，AI 仍將穩居主流產業地位，正所謂「站在風口上，豬也會飛」，足以印證投資 AI 相關個股，就是當代投資顯學。

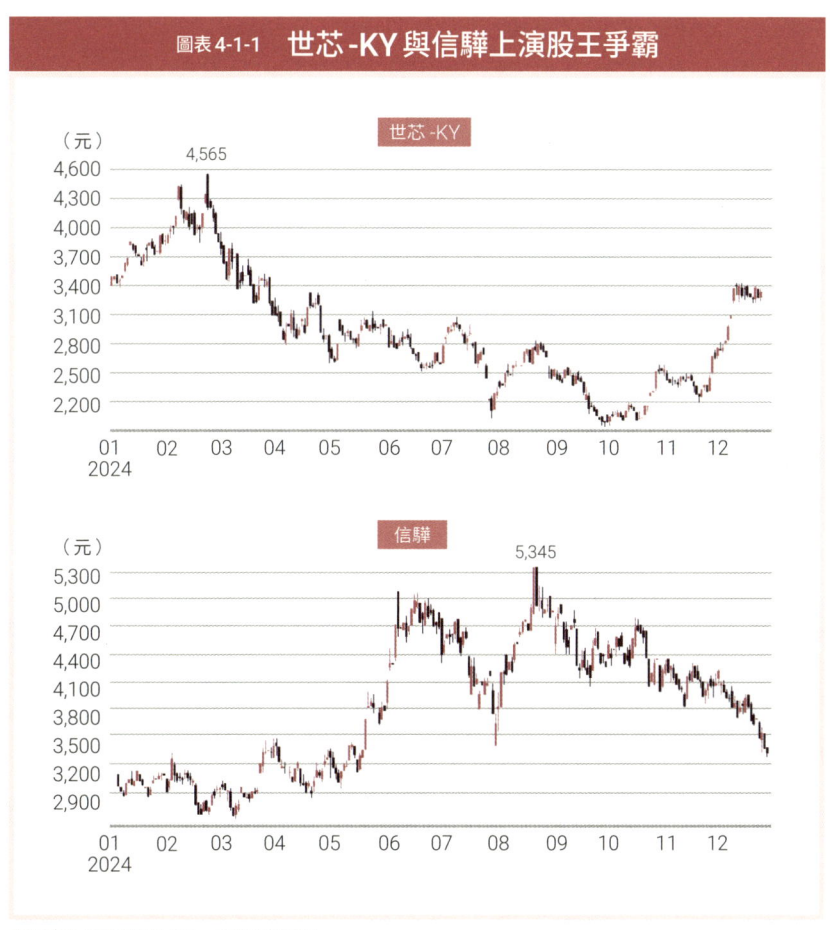

圖表4-1-1　世芯-KY 與信驊上演股王爭霸

資料時間：2024/01/02 ～ 2024/12/31
資料來源：CMoney 法人投資決策系統

股王教會我的3堂課

產業的興衰，決定了換誰當股王。當新一代的股王登基，到底能引領另一波產業巔峰，還是像「金馬獎魔咒」一樣，領了獎就會沒戲唱？以下是我從股王身上學到的3堂課：

▪ 第1課：學會看懂「想像溢價」

股王會換人坐坐看，一定和公司基本面有關，對於投資人而言，能買到競爭力很強的股王、還能賺到主升段的報酬，當然很吸引人，但也會擔心投資股王，若套在最風光的高點，一旦往下摔會不會粉身碎骨？

就像昔日的股王大立光盛極而衰，股價失去動能，這是因為智慧型手機已經成長到頂了。對未來成長憧憬不再的時候，所謂的「想像溢價」就不見了。

如果從財報來看，很重要的指標就是公司毛利率的變化。 毛利率若維持高檔甚至持續往上，基本上不會有太大的風險；反之，若毛利率呈現連續下滑，例如大立光從毛利率將近70%掉到剩下50%，股王的高本益比溢價就消失了，所以毛利率是能否挺在高價的重要財務指標。

- **第 2 課：從 3 指標抓誰在裸泳**

　　股王應該具備「3 高」的特質：高毛利率、高 EPS、高法人持股比。除了前述的毛利率是一道護城河，但還要有高 EPS 才撐得住股價。

　　簡單思考，如果 2 家公司的股價都在 1,000 元，一家 EPS 達 50 元，另外一家只有 20 元，誰的高價能撐得久？再者，就是要有相對較高的法人持股比率，也就是「聰明錢」的市場認同度。

　　這 3 個指標要相互搭配，換句話說，如果不能同時具備「3 高」，股價的千金之身很可能就只是短暫題材搭配人為炒作的結果。例如，有高 EPS 卻沒有高毛利率，那麼高獲利恐怕撐不久；又或者沒有專業法人的買盤加持，那很有可能就是太過投機，拉高只是大股東加上市場主力炒作的圈套。

- **第 3 課：看懂比價效應**

　　市場通常對股王所屬產業抱有高度期待與認同，同一產業陣線上，無論是產業中的勁敵還是上下游供應商，往往也能雨露均霑，這就是高價股所帶來的比價效應。

一般而言,更接近股王的中高價股會受惠較大,因為通常這些中高價股就算姿色不像股王突出,但至少也都有三兩三的本事。

不過要注意的是,比價效應如果發酵到中後期時,當衝在前頭的股王或是一軍的中高價股不再創新高,反倒是輪到中低價位的股票進行補漲,代表比價效應已走到尾聲,風險將大過於報酬、走向投機了,此時投資人不宜再貿然跟進,或是手中有部位者要適時停利。

NOTE

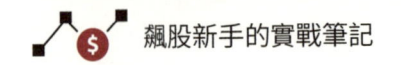

4-2
站在產業巨人肩上 看見未來趨勢

投資要「站在巨人的肩膀上」，才能看到產業未來的趨勢以及獲利加速的機會。而「巨人」哪裡找？其實就是我們日常生活中耳熟能詳的「大咖」，如：AI教父輝達（Nvidia）執行長黃仁勳、全球首富特斯拉（Tesla）執行長馬斯克（Elon Musk），或者晶圓代工龍頭台積電董事長魏哲家，都是產業重中之重、「喊水會結凍」。

▍黃仁勳旋風 掀起AI伺服器、機器人狂潮

還記得黃仁勳於2023、2024連續2年來台參加台北國

際電腦展（COMPUTEX），掀起炫風，他的一舉一動備受矚目。無論是他登門的美食餐廳、光顧的夜市小攤，經媒體報導，就會成為爆紅店家，吸引大批消費者朝聖。

當然投資人更關切的是黃仁勳腦袋中的產業發展藍圖，當黃仁勳以「AI 如何帶動新產業革命發展」為主題進行演講時，其身後背板列出多家輝達合作的台廠盟友，有積極的股民還逐一比對找出了總共 43 家台灣供應鏈，結果隔天開盤後全面噴發，甚至有 14 檔亮燈漲停板！其中股價最低的慧友（5484）兩個月內漲幅超過 3.5 倍！讓人見識到 AI 教父黃仁勳點石成金的威力。

此外，由黃仁勳掀起的 AI 機器人狂潮，更是成為 2024 年飆股熱搜的關鍵字。黃仁勳曾指出 AI 不僅存在於虛擬世界，實體 AI（如機器人）將成為全球各行業的基石，並且強調「AI 本質上就是機器人」、「下一波科技浪潮是機器人技術，而機器人技術對台灣是千載難逢的機遇」這無疑是將選股的魔法棒指向了機器人產業鏈。

而台廠供應鏈也確實能從零組件、AI 視覺領域兩大優勢來搶進人形機器人商機，舉凡所羅門（2359）、羅昇（8374）、穎漢（4562）、台灣精銳（4583）、直得（1597）、新漢

（8234）等都寫下翻倍傳奇。有網友戲稱「黃仁勳投顧」報明牌超準，但股價可能會因市場對題材加油添醋，而產生急漲急跌表現。

不過我更在意黃仁勳所看到的產業遠景與市場需求，的確值得投資朋友繼續深入追蹤研究，逮住10年一遇的大商機，就可大幅縮短我們與致富的距離。

▌低軌衛星、自駕車成下一個戰場

話題不斷的馬斯克，永遠有瘋狂念頭。我說的不是他的政治推文，而是他對於發展Robotaxi自動駕駛車、機器人及SpaceX星艦火箭的狂熱，總是在眾人一片質疑的噓聲當中，去擘劃美好的藍圖與未來。

截至2024年為止，SpaceX的星鏈（Starlink）衛星系統已發射約7,000顆衛星，在地球低軌道運行，且馬斯克已向美國聯邦通信委員會（FCC, Federal Communications Commission）申請，要在2030年前發射4萬2,000顆低軌衛星力拚「衛星罩地球」。SpaceX除持續發射新衛星、持續推動用戶成長，更擴大對台鏈下單，使得台廠相關供應鏈未來營運看俏，其中以昇達科（3491）為主要指標股。

想像一下科幻電影裡的情節：用手機 App 輕鬆叫到一台無人計程車，上車後我們可以在車上休息、娛樂或是辦公，這些情節已開始漸漸走向現實。隨著自動駕駛技術逐漸成熟，近年各大科技巨頭紛紛加入無人車的戰場。

當中，特斯拉的自駕計程車 Robotaxi 被視為全自動駕駛 Full Self-Driving（FSD）技術的重大突破，主要是靠攝影鏡頭及 AI，不需增添雷達、光達（lidar）系統等昂貴硬體，內裝沒有方向盤和踏板，未來科技感十足。Robotaxi 預計於 2026 年投入生產。馬斯克曾預測，Robotaxi 業務可讓特斯拉市值從 7,500 億美元一路膨脹至 5 兆美元。

如果這趨勢沒有太大改變，那麼自駕車的商機該如何掌握呢？首先是車用晶片。Robotaxi 需要大量的運算能力來處理自動駕駛數據，半導體晶片便成為不可或缺的大腦。

台積電作為全球領先的晶圓代工廠，自然有機會囊括晶片代工訂單，而聯發科（2454）、瑞昱（2379）則已長期耕耘車用晶片的設計業務。其次，自動駕駛車輛需要多個感測鏡頭來偵測周圍環境，大立光旗下的先進光（3362）以及亞光（3019）都是車用光學鏡頭供應商。

台積電擁技術優勢 先進製程具飆股潛力

台積電法說會不僅牽動台股神經，向來也被視為全球科技業的趨勢風向球，通常未演就先轟動，每次法說召開前，國內外的研究機構就已經搶先展開財務預測及法說亮點的猜題。

舉凡先進製程節點推進時程、良率，或是資本支出金額是否上調，還是先進封裝 CoWoS 產能擴增計畫，「台積電大聯盟」的個股股價就會隨著法說會展望而表現。所以，超重量級的台積電法說會，不僅媒體、法人必全程參與，所有台股投資人都該緊盯細節。

台積電自從 7 奈米以下的先進製程，就開始甩開國際對手，取得壓倒性的優勢，當然對於整體高科技產業有呼風喚雨的話語權。台積電每年法說會固定在 1、4、7、10 月舉行，近年必受關注的焦點之一就是資本支出計畫。

自 2018 年突破百億美元後，2021 年已達到 300 億美元，2022 年則創下 362.9 億美元歷史新高，通常只要提到上修資本支出，盤面上一堆半導體設備股都會拉出慶祝行情。

台積電在 2024 年法說會屢次強調 AI 需求強勁，輝達晶片無法滿足客戶需求，主要原因就是因為 CoWoS 產能不足，

AI晶片生產離不開台積電獨創的CoWoS先進封裝技術，因此產能必須持續加快翻倍成長。

有台積電的背書，可想而知，CoWoS設備股一定漲翻天，畢竟相關公司股本多數才幾億元，而台積電一年的資本支出可是上看台幣兆元，所以只要能分到一杯羹，甚至只沾到邊，股價都像吞了大力丸，弘塑（3131）漲破2千元、均華（6640）也登上千金，辛耘（3583）、萬潤（6187）、志聖（2467）漲幅都高達數倍。

有時候覺得台灣散戶真的很厲害，因為想賺錢、對飆股渴望，再難的專業都願意克服困難去吸收學習，超微（AMD）執行長蘇姿丰曾公開讚賞台灣很棒，當說出CoWoS，台灣大部分的人都知道這是什麼。如果你認同台積電會繼續稱霸半導體，那麼一定要密切留意台積電將來資金往哪裡投，想必就是新飆股的大本營。

大咖的一舉一動、一言一行往往可以造就股市行情。不過，我要提醒的是，內行看門道，外行看熱鬧，大人物的觀點固然可以帶投資人用望遠鏡看到願景，不過，投資個股仍需明辨虛實，回歸基本面用「放大鏡」檢驗財報數字，才能贏在長久。

4-3 資產想起飛 就別和政策逆風

「台電10年5,645億元強韌電網計畫」、「行政院核定2,067億元預算投入水資源」、「台灣軍用商規無人機將於未來4年採購3,600架，整體產值於2030年達250億元」，乍看之下這些冷冰冰的天文數字，好像和我們的生活與投資有著遙遠的距離，但其實背後卻隱藏股市暴賺的投資地圖，掌握得宜，就是一波又一波飆股衝往致富的捷徑。投資跟著國家政策走，絕對不會錯！

▌淨零排放成顯學 推升電動車概念股

環保意識高漲，淨零排放趨勢已成為顯學，歐盟、美國

及日本訂定 2050 年達全面碳中和目標，中國則訂定 2060 年達碳中和目標。因交通運輸工具碳排量僅次於工業，為此，車廠開始投資並研發更多的電動車，以及相應的充電基礎設施；同時，政府通過補貼和稅收優惠等措施，提高消費者購買意願及實現電動車普及化。

歐盟訂定 2030 年達到 3,000 萬輛電動汽車的政策目標，並預計於 2035 年停止銷售新燃油車；美國前總統拜登在 2021 年 11 月簽署《兩黨基礎建設法案》，77 億美元用於電動汽車和相關基礎設施部署，2022 年 8 月再通過《通貨膨脹削減法案》，其中一部分資金用於電動汽車激勵措施；中國訂出 2025 年電動車占新車銷售 2 成、2030 年電動車規模達 1,000 萬輛等目標。

根據 IEA（國際能源總署）的預測，未來 10 年，電動車的需求將徹底改變全球汽車產業版圖，預計到 2030 年，中國路上的汽車將有近 3 分之 1 是電動車，而美國和歐盟的比例也將接近 5 分之 1。有政策長期支持和大型品牌車商投入，電動車產業鏈當中包含車用晶片、中控電腦、智慧車燈、充電樁、傳動系統、車身等成為投資的一時之選。

電動車朝向智能化、輕量化發展，由於電動車減重是提

高里程續航力的有效方式,研究顯示電動車重量每降低 10 公斤,續航里程可增加 2.5 公里,因此採取輕量的鎂鋁合金來取代鋼材。

這股重要的發展潮流,讓我注意到車用機殼廠華孚(6235),公司專注於鎂鋁合金機殼與機構件產銷,過往以供應筆電機構件為主,產業發展遇到瓶頸後,轉往車用市場布局,因為打入特斯拉供應鏈,2023 年不僅營收爆發,而且隨著毛利率衝上 3 成,單季 EPS 更明顯跳增,股價因而大放異彩,成為當年台股前 10 大飆股之一。

政府重視能源轉型 帶動重電族群

同樣是能源轉型,除了電動車,市場關注的政策概念股還有重電產業。首先,先來了解什麼是「重電」?重電主要處理高電壓、大電流和高功率的電氣工程領域。這包括發電、輸電和配電,相關產品有發電機、變壓器、馬達、開關設備、高低壓配電盤等。

在台灣,台電是最大的重電設備買主,隨著台灣用電量逐年增長,為確保供電穩定,台電宣布推動強化電網韌性計畫,預計 10 年內投入 5,645 億元。同時,為配合 2050 年淨

零排放目標，台電希望再生能源發電量能達到60%，正積極構建新能源基礎設施，設備的擴建與汰換升級，為台灣重電產業帶來龐大商機。

在政策催化之下，「重電4超人」華城（1519）、亞力（1514）、士電（1503）、中興電（1513）從以往溫和斯文的股性，搖身一變成為穿上披風的超級英雄股，不到2年時間，漲幅至少從4倍起跳，最誇張的重電之王華城，往年多數時間股價不到30元，竟一度晉身千元高價股，漲了30倍！

我有一位親戚長期投資華城，原本只是當成存股，看到股價變得這麼「刺激」，他既興奮又緊張，後來在900多元全數獲利入袋，賺了一輛高級進口車，有趣的是，他老婆也存了中興電，200元以上順勢獲利賣了一半，也抵過好幾年的年終獎金。

華城也好、中興電也罷，股價暴衝只是炒作嗎？還是純粹運氣使然？其實都不是！以華城為例，以前僅是銅板股，因為每年EPS鮮少超過2元，成長性低迷，難怪長期本益比評價都在地板區。

但有了政策大力加持，光國內採購商機就讓訂單排到2028年後了，還外銷到利潤更高的北美市場，所以獲利開始

撐竿跳，2022 年 EPS 跳高至 3.21 元，2023 年再翻數倍到 9.87 元，2024 年暴賺 14.93 元，股價漲之有理。政策的地圖，其實就是投資的藏寶圖。

營建類股 成也政策敗也政策

說到股性 180 度轉變，還有一個讓我印象強烈的產業，就是營建業。營建股的業績當然和房地產景氣息息相關，而房市的量價走向，又必然深受政府政策影響。

投資營建股一定要先知道，建設公司的業績採取「完工入帳法」會計準則，也就是說，房屋完全蓋好後，才能認列收入。更精準來講，完工不是指建築物施工完竣，嚴格地說是「產權移轉」，也就是「過戶」。

因為一個建案通常至少需 2～3 年完工，期間建商要是沒有其他案子可認列，營收可能會「開天窗」甚至掛蛋。這個特性讓營建股通常被歸類為長期存股標的，等待建案入帳再領高額現金股利。

台灣房市在資金氾濫、科技業擴廠紅利、缺工缺料引起的造價上漲驅動下，2020 年以來即呈現強勁的多頭走勢。而政府鑑於防堵預售屋炒作的本意，於 2023 年 7 月頒布政策全

面禁止預售屋轉讓，沒想到新制上路後，預售屋皆須等到成屋後才可轉售，供給緊縮反倒讓房價推升，且代銷及建設公司對於建案的銷控與漲價更可完全掌握。

接著，政府於 2023 年 8 月將既有之青年安心成家貸款改良後，推出 2.0 版本，即是通稱的「新青安」，無論在貸款額度、貸款年限、利率補貼、寬限期等條件都大幅放寬，一時間成屋市場湧入大量買盤，市場上甚至出現成屋售價高於預售屋之異常現象，台灣房市反倒因政策而鼎沸至最高點。

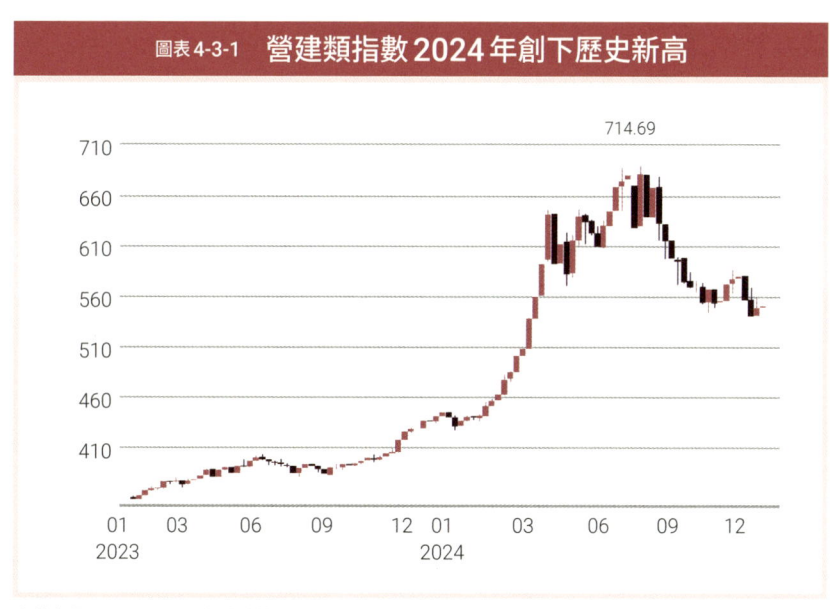

圖表 4-3-1　營建類指數 2024 年創下歷史新高

資料來源：CMoney 法人投資決策系統
資料時間：2023/01/06 ～ 2024/12/31

台股營建類股指數由 2023 年 11 月開始起漲，到 2024 年 8 月創下歷史新高，漲幅高達 84%，比起主流趨勢的 AI 科技股更兇猛，不論是「營建股 F4」興富發（2542）、華固（2548）、遠雄（5522）、長虹（5534），或者高雄指標建商永信建（5508）、京城（2524），還是代銷天王海悅（2348）、愛山林（2540）全都漲翻天。

眼見房價噴發一發不可收拾，2024 年 9 月，央行公告房市第 7 波信用管制措施，種種措施被視為史上最嚴厲的打房手段，終於暫時平息房價漲勢，也對營建股的股價澆了一整桶冰水。所以營建股的業績和股價，可說是「成也政策，敗也政策」。

在股市的賽道中，想長期跑向終點，就不要和政策逆風；可以當多頭、也可以當空頭，就是別當對抗政策的豬頭。放眼全球，除了台灣政府的各項產業政策值得關注，美國和台灣經貿牽連緊密，每當政黨輪替或是白宮有新主人時，政策的方向就是投資的導航。

NOTE

第 5 章

飆股獲利步驟 3：
用 7 指標挑出極上飆股

5-1 產品漲價與毛利率

　　為什麼有人說「沒準備好別碰股票」？那是因為股票市場既現實又殘酷！

　　股市投資只存在輸（虧損）與贏（獲利）兩種結果，沒有中間的灰色模糊地帶，更不會留下一丁點利潤，給不做功課僅憑一股勇氣殺進殺出的路人甲，因此，成為市場中的贏家？還是輸家？是投資入門前一道開書考的選擇題。

　　然而，現實生活中你遇到的贏家多？還是輸家多呢？若說靠感覺、看街坊鄰居不夠精確，那我們用實際數據來佐證：根據某大券商10年數據統計，100個投資人中，僅有1%，也就是1個人能在股市賺到錢，相較市場常見的80/20法則

更為嚴苛，**故僅是「想」成為贏家並不能帶來實際獲利，投資過程中的每一個方法、策略、配置都直接影響最終結果。**

若需將投資的樣貌再具象化，我想這就好比是獵人狩獵的過程、獵人與獵物間的關係。

- 獵人＝市場投資人
- 狩獵過程＝選擇標的、投資配置的階段
- 獵物＝最終追求的獲利目標

而該如何成為成功的獵人？第一步，懂得聚焦與鎖定。

譬如狩獵的最高指導原則是先看準目標，評估成功獵捕的機率足夠高，之後再出手，只要做好這步，不僅能避免浪費子彈、暴露位置，也能降低失手後會提高再出擊的難度。股票投資亦同，**一次好的聚焦與鎖定，能大大減少時間與金錢的浪費，更能避免後續滿手股票或持股套牢的窘境。**

▌股票大漲常伴隨關鍵訊息

至於，該如何看準目標？在過去 20 多年的操盤經驗中，我發現某些關鍵字，經常伴隨後續股價噴出與波段大漲，因此

我將它們逐個蒐集、彙整，作為我瞄準「極上股」（每季獲利30%的優質飆股）的投資利器，於此也一併分享給讀者：缺貨漲價、合併收購、新產品／新客戶／新訂單、資本支出擴產、現金增資、可轉債籌資、申報轉讓、董監持股質押、投信作帳等。

每個事件都有對應的指標去檢視訊息真偽，以下本章各小節會帶讀者一一來看。冀望未來你在市場上看到這些字眼時，也能打起十二萬分精神、睜大眼睛，去探究其未來的潛在可能性。

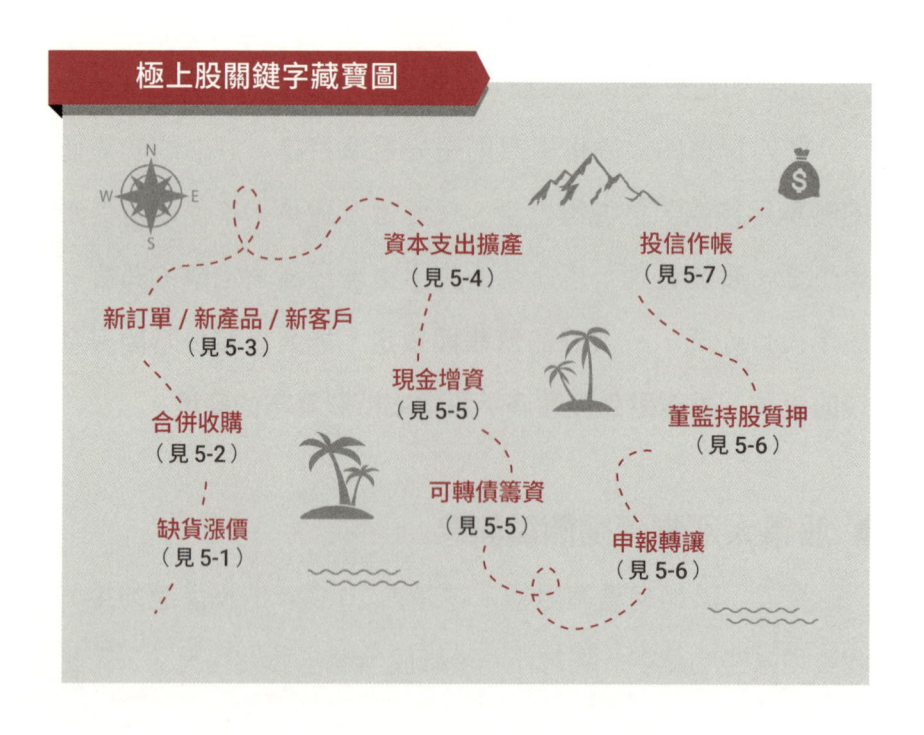

極上股關鍵字藏寶圖

- 資本支出擴產（見 5-4）
- 投信作帳（見 5-7）
- 新訂單／新產品／新客戶（見 5-3）
- 現金增資（見 5-5）
- 董監持股質押（見 5-6）
- 合併收購（見 5-2）
- 可轉債籌資（見 5-5）
- 缺貨漲價（見 5-1）
- 申報轉讓（見 5-6）

在目標清楚確定後，再來便是評估投資價值與成功機率了，本章我會分享幾個指標，說明如何用來衡量一檔股票未來的上漲爆發力，並透過實際案例帶大家一睹股價的飆漲風采。

本節將用毛利率的關鍵一跳，看缺貨漲價、產品組合轉佳與跨入新藍海企業的股價表現！**短期毛利率的數字變化，可看出一家公司在成本控制、生產管理的情形，而中長期的趨勢變化，則決定了股價的多空方向。**

▎缺貨漲價帶起大航海王時代

2020 上半年 COVID-19 的快速擴散，不僅使全球經濟活動急凍，也一同打亂了航運運務秩序，導致全球運輸量急遽下降。雖然 2020 下半年，各國政府開始陸續解封重啟經濟活動，但供應端卻因碼頭工人、拖車司機染疫等問題，使裝卸與運輸效率下降，進而導致港口壅塞、空櫃調度不均，無法滿足市場需求。

在供應鏈吃緊持續未解的情況下，2021 年 3 月長榮（2603）貨櫃輪，又意外於蘇伊士運河擱淺，阻斷運河雙向航行，一系列的棘手難題，再促使航運運價向上攀升。

查看 WCI 世界貨櫃運價指數就能發現，不論是熱門的航程，遠東到北美或遠東到歐洲，報價從 2,000 多美元，一路喊至近 1 萬美元；冷門的東南亞航線也一併被帶起，運價大漲 4 倍來到 1,000 美元左右。

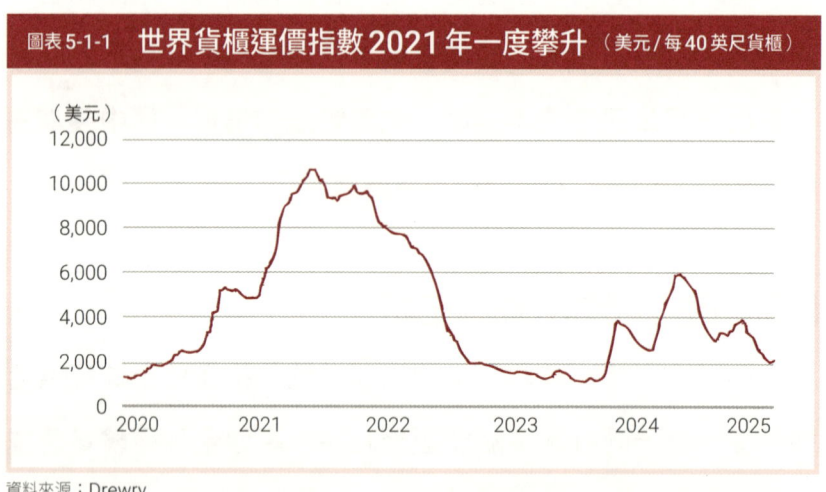

圖表 5-1-1　世界貨櫃運價指數 2021 年一度攀升（美元／每 40 英尺貨櫃）

資料來源：Drewry

難以想像的瘋狂行情，為海運業帶來一波史上最強榮景，也順勢將貨櫃 3 雄：長榮、陽明（2609）、萬海（2615）的獲利堆高。

以貨櫃 3 雄競爭力最強的長榮來看，2020 年營收達 2,072 億元、毛利率 21.97%，2021 年營收達 4,894 億元，整整跳高 1.37 倍，毛利率則上揚至 61.71%，年增幅度高達

1.8 倍。

　　尤其在 2021 第 1 季，長榮毛利率首度越過 50% 後，股價更是像吃了大補丸，一路狂漲至 5 月 10 日 93.5 元，隨著第 2 季毛利率持續走高，股價更是續飆至 7 月 6 日 233 元。超額的獲利與毛利率的倍增，搖身成為股價的興奮劑，為台股掀起一波大航海王風潮。

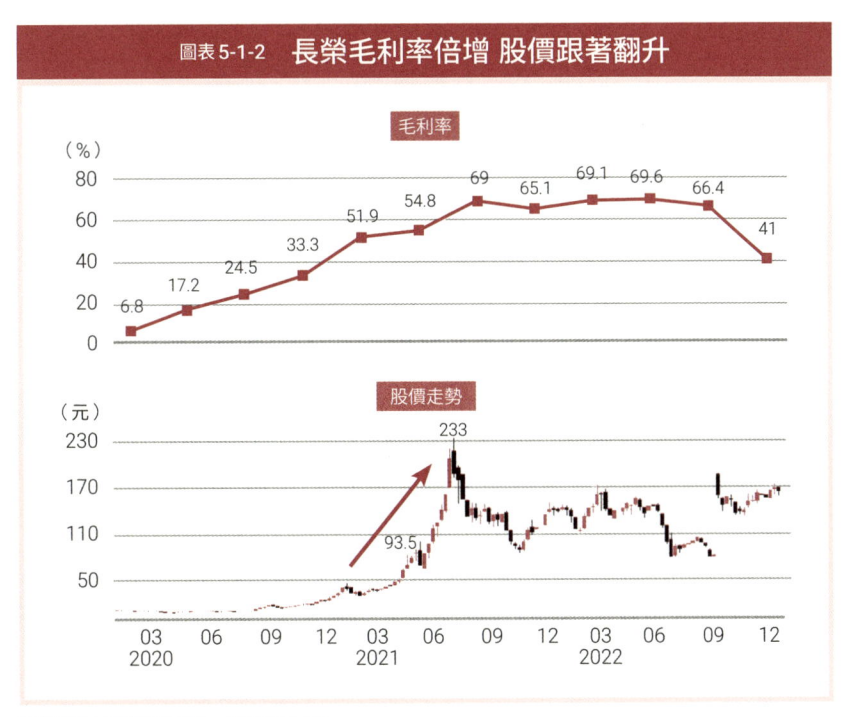

圖表5-1-2　長榮毛利率倍增 股價跟著翻升

資料時間：2020/01/03 ～ 2022/12/30
資料來源：CMoney 法人投資決策系統

而同為 3 雄的陽明與萬海，表現自然也不落人後，毛利率皆在 2021 第 1 季跳升至 50% 上下，讓股價像裝了渦輪引擎般的向上衝，陽明於 7 月 7 日達 234.5 元，萬海則是在 7 月 1 日即奔上 353 元高價。

但 2022～2023 年，在俄烏戰爭爆發、通膨升溫、紅海危機等事件接連發生下，全球經濟持續惡化，大家不再瘋狂

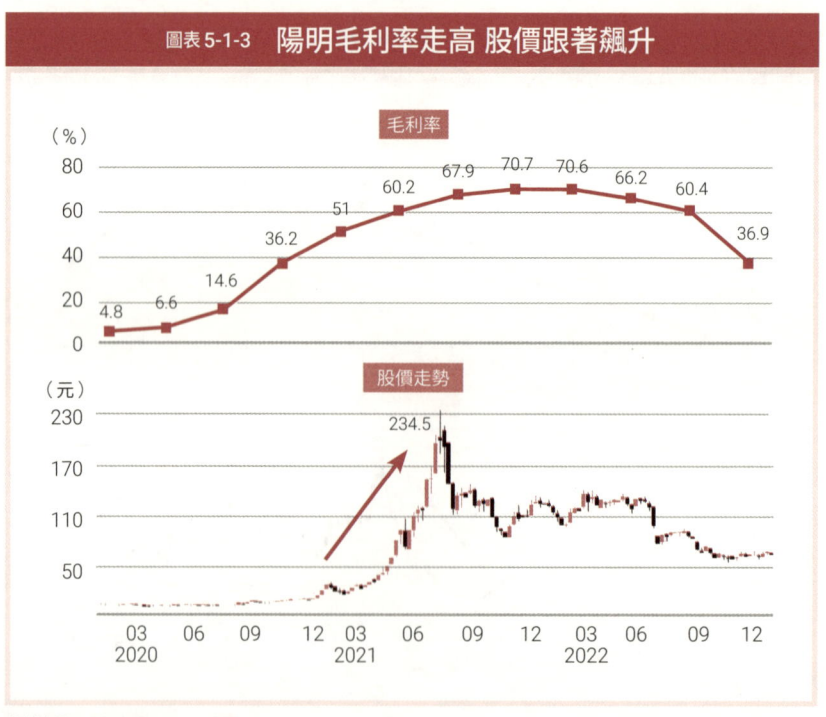

圖表5-1-3　陽明毛利率走高 股價跟著飆升

資料時間：2020/01/03～2022/12/30
資料來源：CMoney 法人投資決策系統

消費，使得貨運需求萎縮，運價快速向下修正，直至2024年整體航運景氣仍處於供過於求的狀態。

據業界觀察，紅海衝突導致歐洲線供應吃緊問題，以及全球多起主要港口罷工事件，有望支撐運價，再搭配整體供給過剩幅度收斂，年底貨載需求轉強，帶動運價於2024第4季又向上回升。

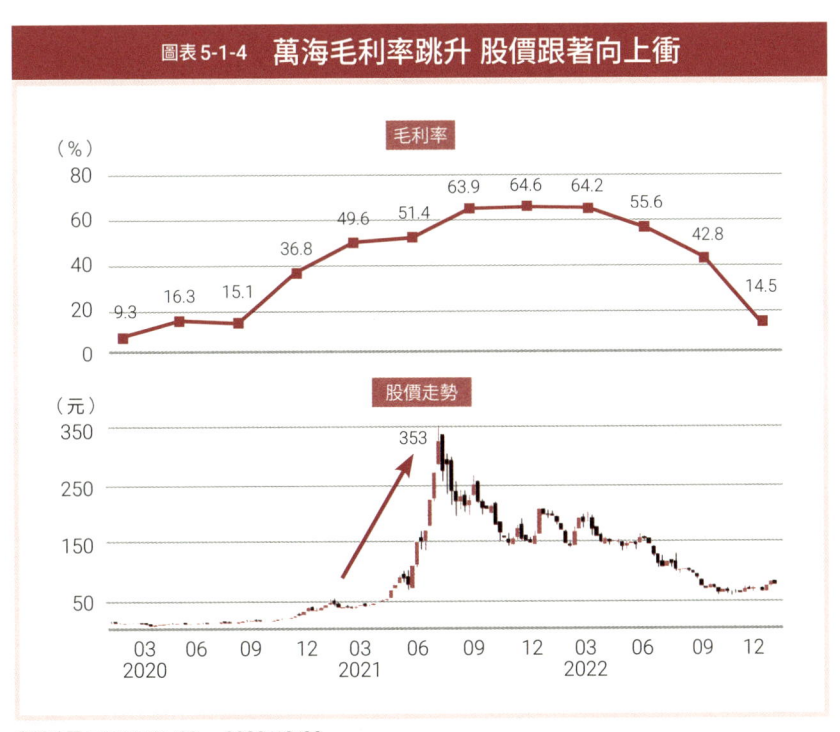

圖表5-1-4　萬海毛利率跳升 股價跟著向上衝

毛利率（%）：9.3、16.3、15.1、36.8、49.6、51.4、63.9、64.6、64.2、55.6、42.8、14.5

股價走勢最高：353

資料時間：2020/01/03～2022/12/30
資料來源：CMoney法人投資決策系統

飆股新手的實戰筆記

同樣以長榮來觀察，在經過長達 6 季的沉潛消化後，2024 年 11 月公布的第 3 季財報迎來喜訊，單季營收達 1,527 億元、毛利率再攻 52.6%、EPS 創下 28.75 元的佳績後，股價於 11 月 18 日突破疫情期間 233 元的天花板，11 月 20 日盤中創下 241.5 元的歷史新天價。

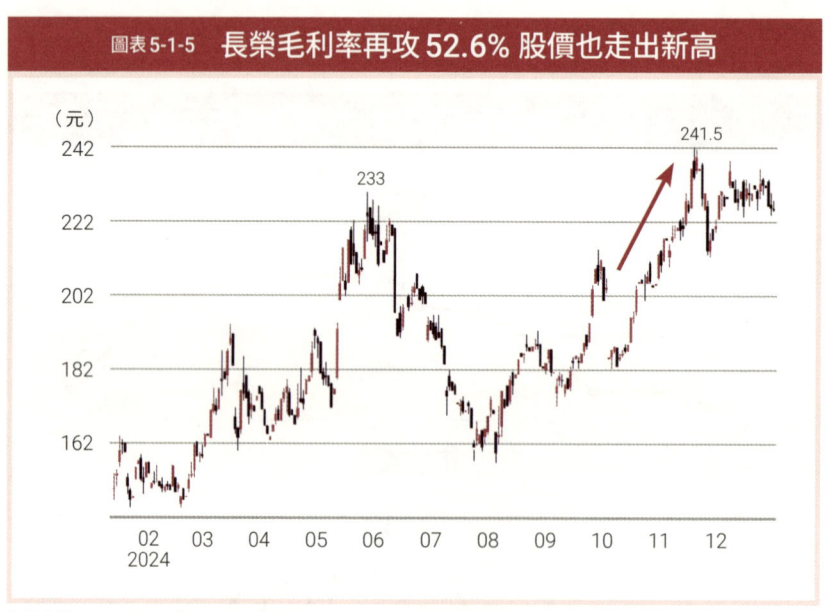

圖表 5-1-5　長榮毛利率再攻 52.6% 股價也走出新高

資料時間：2024/01/02～2024/12/31
資料來源：CMoney 法人投資決策系統

景氣循環產業每隔幾年就會因供需結構改變，而出現難得一見的復甦爆發力，除了貨櫃航運，其他常被關注的還包

括散裝航運、鋼鐵、塑化等傳統產業，電子業方面，記憶體、矽晶圓、被動元件、面板也都有景氣和股價的週期性，可先追蹤產品報價變化，如果成本沒有太大變動，漲價就是多賺暴利，毛利率將顯著提升。

▌優化產品組合 良維邁向新里程碑

在第 4 章，我曾提及政策就是票房保證！隨著氣候變遷、與各國紛紛設立淨零排放、碳中和等政策，電動車的普及化勢在必行，然欲達成此目標，除供應鏈的轉型生產與刺激消費端的買氣，相關的充電基礎設施與覆蓋率，也一併成為提升電動車滲透率的必要條件。

良維（6290）過去因豆腐頭充電器打入蘋果供應鏈，慢慢的拓展觸及電腦、平板、Apple TV 等電源及傳輸線，看似市場越拓越大，但在中國精密製造公司立訊橫插一腳削價競爭後，利潤逐漸轉差。因此，公司於 2022 年將發展重心轉往高毛利率、高附加價值的資料中心（Data Center）與電動車（EV）領域產品。

從 2022 年底公布的產品營收占比來看，消費性電子已從前一年度的 93% 下降至 78%，資料中心與電動車則分別從

5%、2% 提高至 13%、9%，顯示公司的轉型計畫已取得初步成效（見圖表 5-1-6）。

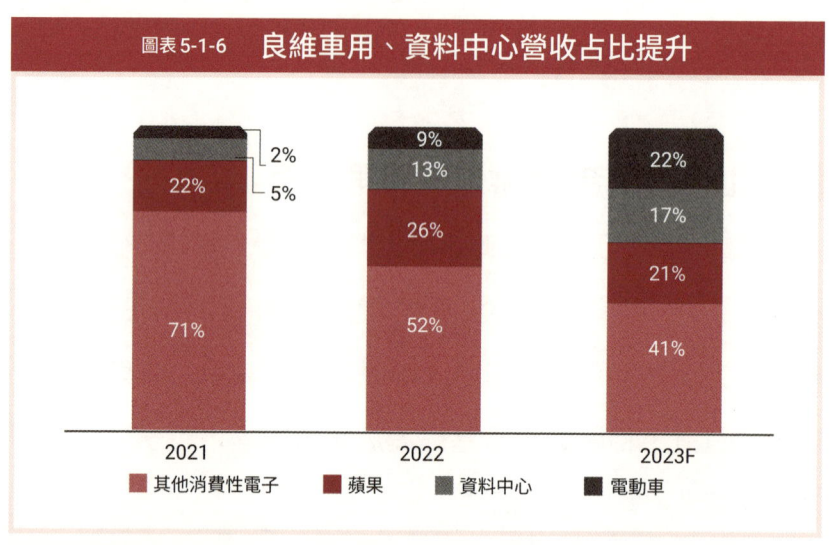

圖表 5-1-6　良維車用、資料中心營收占比提升

年度	其他消費性電子	蘋果	資料中心	電動車
2021	71%	22%	5%	2%
2022	52%	26%	13%	9%
2023F	41%	21%	17%	22%

資料來源：良維

而獲利指標毛利率，在 2023 年下半年連續 2 季跳升，第 3、4 季分別為 29.3%、31.6%，也進一步成為股價的加速器，使 2024 年 2 月股價迎來一波陡峭的上漲行情。

回顧良維股價，從 2023 年 5 月起即在 50～70 元區間遊走，在歷經長達 10 個月的整理後，股價在 2 月中旬重啟漲勢，且以接近 90 度的高仰角角度迅速噴出，並在 3 月 1 日盤中觸及 104 元高點。

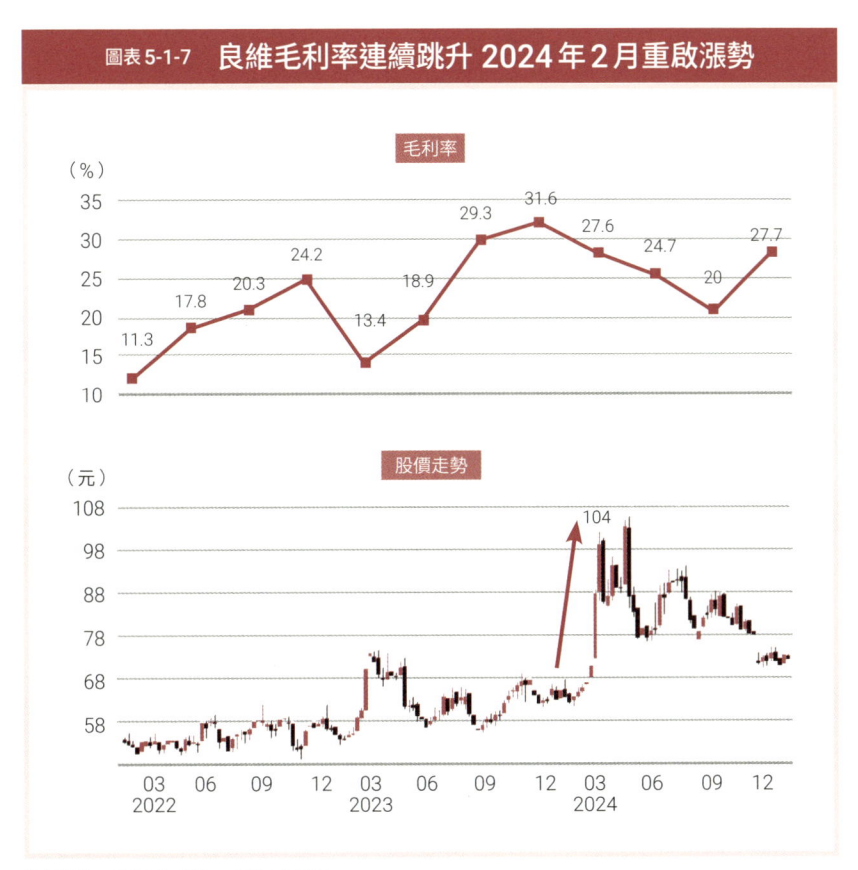

圖表5-1-7　良維毛利率連續跳升 2024年2月重啟漲勢

毛利率（％）：11.3、17.8、20.3、24.2、13.4、18.9、29.3、31.6、27.6、24.7、20、27.7

股價走勢（元）高點 104

資料時間：2022/01/07～2024/12/31
資料來源：CMoney 法人投資決策系統

定穎投控開新局 左踩電動車右跨 AI 新藍海

　　定穎投控（3715）因長期耕耘高階智慧車載應用，在全球積極打造電動車的熱潮下，一躍成為市場大戶和法人鎖定的飆股。

電動車與一般傳統燃油車，具體的造車要求與條件不同，如 PCB（印刷電路板）用量大幅提高、與平均單價倍數上漲等。傳統燃油車每輛車使用 PCB 平均面積為 0.5 平方公尺，純電動車則是 1 平方公尺以上，而傳統燃油車的平均價格，也完全追不上高出 5～6 倍的電動車 PCB 單價。

因此根據 TrendForce 研調顯示，在全球電動車滲透率攀升、規格升級、用量倍增、價格提升等多重效果加乘下，帶動車用 PCB 產值大幅揚升，預計 2026 年車用 PCB 產值有望躍升至 145 億美元，年複合成長率（CAGR）達 12%。

定穎投控毛利率於 2022 年第 4 季起連續成長，2023 年毛利率達 24.1%，相較前一年大漲約 1.39 倍。對標台灣前 3 大 PCB 廠：臻鼎-KY（4958）、欣興（3037）、華通（2313）的 2023 年毛利率分別為 18.1%、19.5%、15.1%，表現堪稱是相當出色。定穎投控與 3 大廠拉開距離，主要原因包含以下 2 點：

- **產品組合優化**：觀察 2023 年第 2 季營收占比，汽車板占比從原先的 63% 拉升至 70%，其中傳統車板占比約 45%～50%、電動車板占比約 20%～25%，且電動車相關比重仍繼續提高，這是催動股價上揚的第一批燃料！

- **跨足新藍海市場**：憑藉多年經驗與技術，定穎投控也將高密度印刷電路板（HDI）產品帶入 AI 伺服器領域中。以機器學習為例，支援 AI 應用的關鍵元件，就包含 AI 加速卡與 AI 伺服器板等相關產品，而以上兩者皆為公司積極拓展的市場，這是催動股價飆漲的第二批燃料！

圖表5-1-8　定穎投控股價跟毛利率連續成長

資料時間：2022/09/01 ～ 2024/12/31
資料來源：CMoney 法人投資決策系統

這 2 大關鍵，讓我深信定穎投控必然不會沉寂太久，股價果真於 2023 年 8 月應聲展開驚人的攻勢！約莫 2 個月的時間，股價從原本約 30 元的銅板價，迅速飆升至百元關卡，雖 10 月一度回落至 80 元附近，不過頂著毛利率逐季上揚的光環與跨入 AI 市場的龐大商機，股價在 80 ～ 90 元區間整理完畢後，11 月再度向上進攻，於 12 月 1 日盤中創下 112 元的新高價。

投資市場消息真真假假，為避免被錯誤訊息影響，建議投資朋友在看到缺貨漲價、產品組合轉佳、跨入新藍海等關鍵字時，能一併搭配企業的毛利率變化做衡量評估。

若是中長期投資甚或存股，我喜歡鎖定毛利率超過 30%、逐季遞增尤佳；而如果是以短中期價差交易為主，挖掘翻倍飆股，毛利率也是必看指標，單季「撐竿跳」大幅度跳增，代表公司跳入另一條獲利 S 曲線，市場聰明錢一旦聞香湧至，未來股價上漲幅度將可能更瘋、更無上限。

NOTE

5-2
從淨利年增率看併購是否真獲利

「併購」在市場中雖不算頻繁常見,但只要出現都是重磅話題,我曾經上網搜尋各界學者、專家、投資人對併購的看法,發現大部分人的評價,都參雜著「先入為主的偏見」。我想這與過往的實際案例,脫不了關係!

以台灣品牌明基(BenQ)為例,2005 年它風光宣布併購德國手機大廠西門子(Siemens),以小吃大。但 1 年後情勢急轉直下,BenQ 因止不住虧損,臉色鐵青的公告交出經營權,並向德國政府聲請無力清償保護,如此戲劇性的轉變,刻劃了市場對併購的負面印象。

你是否會好奇,為何明明已有前車之鑑,我卻仍用「先

入為主的偏見」來形容市場對併購的評價呢？那是因為，現在企業看待併購的維度，已隨著時間、趨勢推移、進化了！

正如 2024 年 5 月《哈佛商業評論》闡述的，「20 年前有高達 70% 的併購，是以失敗作收，而如今已有 70% 的併購案能取得成功。」出乎意料的反轉，來自於併購目標的不同。

20 年前推進併購的動力，是產業發展瓶頸，企業必須藉著併購手段，壯大生產規模、降低成本，阻止競爭對手有比肩、甚或是超車的可能，而現今的併購則多聚焦於主動成長機會！

併購常用的 6 大方式

實務上，企業會踏入資本市場，追求的目的不外乎是公司獲利最大化與市值極大化，為達成此目的，獲利的增長速度、幅度，即是推動股價上漲的動能，而此成長動能可區分為內部成長和外部成長兩大類型。

- **內部成長**：又稱有機成長（Organic Growth），是企業靠內部培育新事業，創造收入成長。

- **外部成長**：透過對其他企業的合併與收購（M&A，Mergers and Acquisitions），來加速業務與收入增長。

　併購常用的方式主要有以下 6 種：

1. 收購：多以現金、換股、入股，或交叉組合等方式，取得目標公司控制權，成為主要經營者。
2. 合併：兩家公司合意整併成一新公司。
3. 分割：透過重新分配資源，將企業的部分資產獨立出來成立公司。
4. 取得少數股：以投資目標公司，來換取股權或管理職權。
5. 資產出售與資產收購：藉由一般資產買賣，取得符合企業需求的業務。
6. 策略聯盟：兩家以上企業結盟，來獲得單方難以獨立達到的利益。

　正因併購有加速收入成長、規模經濟、提高市場覆蓋率等多項綜效，才使多年來併購交易持續熱絡，而投資人該如何評估一間企業併購後的現在與未來價值，我認為最佳的方式是關注：**公司的淨利年增率是否大於營收年增率**。

▌不被營收哄騙 企業經營的重點在獲利

全球主要股市唯一會每月公告營收的，只有台灣上市櫃公司，主管機關的初衷，是藉即時的資訊揭露保護一般投資人，讓投資能夠更有憑有據，但就多年的觀察，我認為這是聰明反被聰明誤！

譬如，你覺得市場上誰能先知道企業的營收數據？我想大家的答案會是一致的！

最早知道的莫過於公司派，接著是法人，再來才是一般投資人，故早知道的公司大戶、法人，便能利用時間差優勢領先布局，再於營收公告後調節出場。這一連串的行動，就容易讓投資變得短視，並在營收公告後形成利多出盡或利空出盡。

企業併購後最常見的現象，就是因同步納入被收購公司的營收而使買方營收大幅跳增，但這是真實的併購效應嗎？

我必須用畫重點的方式，提醒投資人「**公司營收越高，不一定表示獲利越高**」。要想更全面了解企業成長能力，必須搭配每季的財報獲利，來比對數據是否呈現正相關，尤其當淨利年增率大於營收年增率時，才代表公司越會賺錢。

例如，矽統（2363）於 2024 年 4 月 2 日宣布，將從母公司聯電（2303）手上全數買下聯暘半導體股權，強化其 IP（矽智慧財產權）布局及設計服務能量，隨後矽統股價就大漲將近 1 倍，可見市場偏正向看待這樁併購案。

到了 10 月初，公告 9 月營收由前一月 2,168 萬元暴增至 1.8 億元，改寫近 14 年新高（見圖表 5-2-1），此乃正式併入聯暘營收的效應，激勵股價在營收公布前後由 5 字頭攀升攻抵 8 字頭。

不過熱度沒持續多久，在第 3 季財報出爐後，投資氛圍立刻轉向！主因矽統扣除業外獲利後，本業仍處於虧損，單季營業淨損擴大至 1.24 億元，併購讓營收長高長大，卻沒有

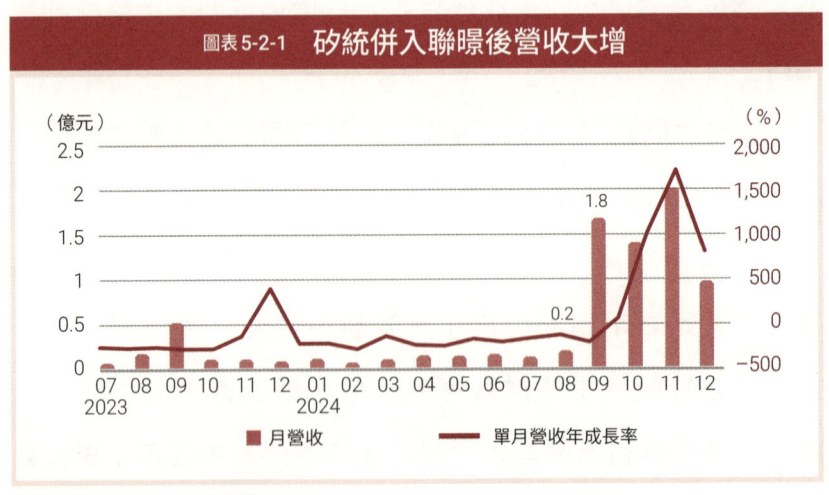

圖表5-2-1　矽統併入聯暘後營收大增

資料時間：2020/01～2024/12
資料來源：CMoney 法人投資決策系統

讓獲利變強變壯（見圖表 5-2-2），市場失望之餘，股價自然再次回跌至起漲區。可見空有面子（營收），沒有裡子（獲利）的併購，恐難有效提振外界對企業整合的信心。

圖表 5-2-2　矽統扣除業外獲利後 本業仍處於虧損　（單位：億元）

季度	2023Q3	2023Q4	2024Q1	2024Q2	2024Q3
營業收入	0.81	0.35	0.34	0.5	2.12
營業毛利	0.31	0.15	0.07	0.42	0.71
營業費用	1.3	1.22	1.11	1.16	1.95
營業利益	−0.99	−1.07	−1.03	−0.73	−1.24
稅後淨利	−0.85	−1.2	−0.81	−1.3	6.96

資料時間：2023Q3～2024Q3
資料來源：CMoney 法人投資決策系統

圖表 5-2-3　矽統股價攀升後跌回起漲區

資料時間：2024/01/02～2024/12/31
資料來源：CMoney 法人投資決策系統

163

圖表 5-2-4　安國宣布收購後股價噴出 卻又因連季虧損遭腰斬

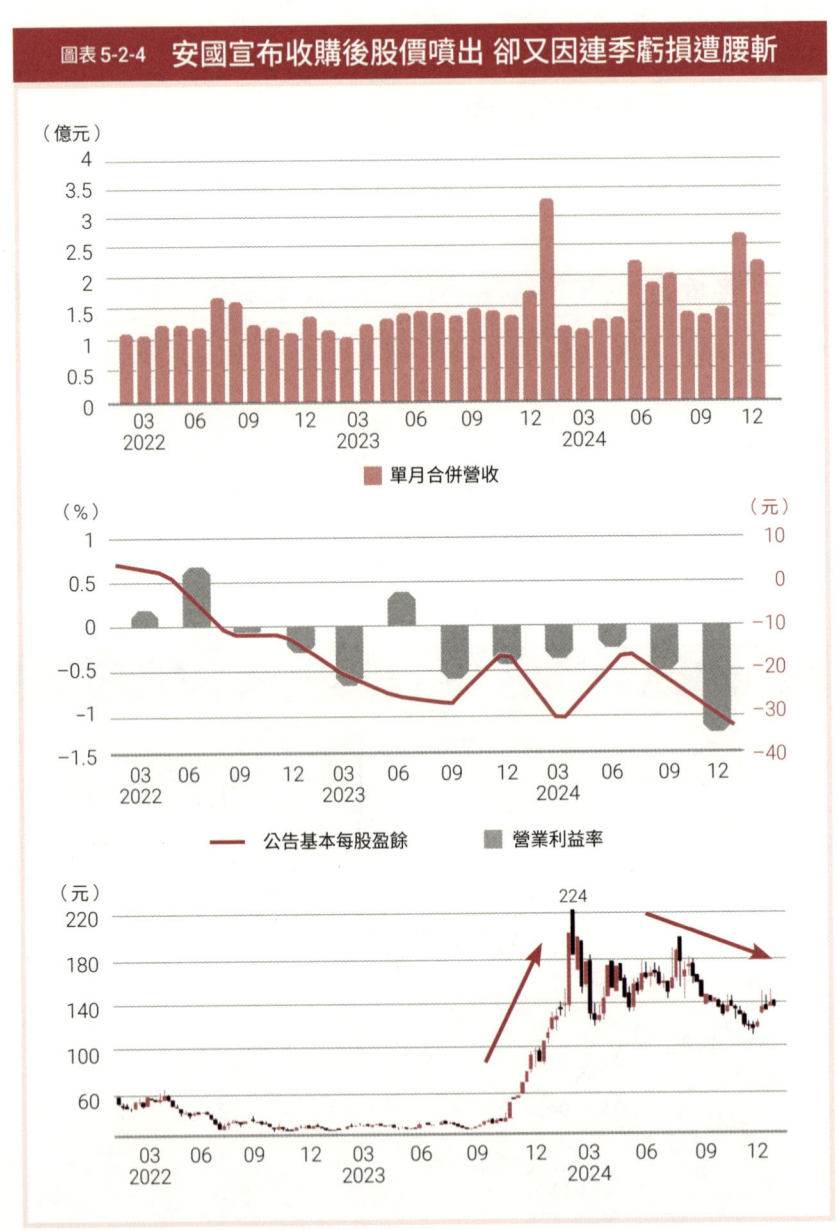

單月合併營收

公告基本每股盈餘　營業利益率

資料時間：2022/01/07～2024/12/31
資料來源：CMoney 法人投資決策系統

其實安國（8054）也曾經出現類似的情況。安國在 2023 年 10 月 24 日宣布收購星河半導體 55% 股權，不僅隔天立刻激情噴出漲停，安國的併購慶祝行情甚至超過 4 倍之多，由 40 元漲到 2 百多元！只是，吃下星河半導體後，營收無法穩住成長曲線，季報更是連連虧損，導致股價又從高點無情腰斬。

由此可知，併購對股價的影響大致可分成 3 部曲來觀察：

1. 對外宣布併購：如果互補性高或有助於拓展新業務，通常股價享有短線慶祝行情。
2. 實際完成併購、認列合併營收：當營收出現暴衝的月增、年增幅度，股價高機率可再衝一波。
3. 完成合併後淨利是否大幅提升：最重要還是第 3 部曲，唯有滿足市場對擴張、轉型、升級的中長線期待，股價與市值才能更精實的茁壯。

併購成敗關鍵：淨利年增率大於營收年增率

故如何提升併購後的獲利，同時實現市值極大化，即是企業的一門大挑戰！台灣有許多公司，是靠著併購坐上產業龍頭寶座，但並非每一間公司或每一次的交易行動，都能讓股價飆升，差異在哪裡？我們將透過以下案例來分享。

▪ 企業併購王：國巨、中美晶

其實談到併購範例，老股民應該第一個想到的會是國巨（2327）或中美晶（5483），確實它們知名度高、名號也很響亮，但若真要從公司獲利最大化與市值極大化的角度來評估，我認為仍是美中不足。

比如國巨董事長陳泰銘，自 1993 年起發動多次收購、入主、轉投資的併購案，成功讓國巨站穩全球被動元件市占前 3

圖表5-2-5　國巨營收無法帶動市值向上突破

資料時間：2016/01/01～2024/12/31
資料來源：CMoney 法人投資決策系統

大的地位。但比較可惜的是，即使進入中高階產品線，獲利能力相對他廠穩定，股價依舊溫溫的，即便曾經飆漲至1,310元，也是因一時缺貨漲價題材帶動，風潮一過便打回原形，無法帶動市值向上突破。

還有，頂著併購天王名號的中美晶董事長盧明光，在其任內也是執掌多起併購案，前期的併購確實為獲利、股價、市值帶來強烈正向反應，但後期的整合拖磨，獲利下滑自然也就拖累股價與市值修正。

圖表 5-2-6　中美晶後期整合拖累股價與市值修正

資料時間：2016/01/30～2024/12/31
資料來源：CMoney 法人投資決策系統

- **雄踞全球的生技王：保瑞**

全球邁向高齡化社會，各國慢性病人口及醫療支出大幅度上升，新藥上市成為驅動製藥產業成長因子。根據統計，2023年全球製藥市場規模約 1.6 兆美元，預估 2027 年將成長至 1.9 兆美元，年複合成長率（CAGR）達 5.3%（見圖表 5-2-7）。

全球製藥市場的穩健成長，也促使研發支出逐年增加，並推動 CDMO（委託開發製造）業務成長，越來越多藥廠將研發生產工作外包，以降低成本，預估 2025～2029 年全球

圖表5-2-7　2023～2027 全球製藥市場CAGR預估達 5.3%

資料來源：IQVIA
備註：2023~2027 為預估值。

CDMO 市場規模 CAGR 達 6.41%。

台股生技天王保瑞（6472），是一間以 CDMO 技術及學名藥販賣為主的公司，自 2013 年起，即透過多起策略併購，包括取得被收購方的設備廠房、藥證、代工訂單、及產品經銷權，來擴大供應鏈規模、增加製藥業務與產品多元性。

公司於 2017 年 IPO 上市後，經一連串的併購布局大計，不僅有效提升獲利盈餘，也讓公司市值同步上揚，是相當成功的併購典範。

圖表 5-2-8　全球製藥研發費用穩定成長

資料來源：MarketResearch
備註：2022~2026 為預估值。

從實際數據觀察，公司在 2017 年上市時，營收與淨利分別是 3.58 億元、1,400 萬元，截至 2024 年，營收與淨利已上升至 192.5 億元、39.39 億元，跳增幅度高達 53 倍與 280 倍，完美呈現淨利年增率大於營收年增率的現象。且在此強勁的獲利動能下，股價也同步上漲，帶動市值從 2017 年的 14.37 億元增漲至近千億元，大增約 70 倍，著實讓人感到驚艷！

圖表 5-2-9　保瑞透過併購快速增加營收

2022
1. 收購伊甸生醫廠房，切入大分子藥代工領域
2. 收購安成國際製藥，取得緩釋劑型等特殊製造能力

2024
收購美國製藥公司 USL，擴大 CDMO 美國客戶

2014
收購聯邦化學製藥，建立自有產品

2020
收購國際大廠 GSK 的加拿大廠房，打開北美市場

2013
收購日商衛采的台南廠，建立自有產能

2018
收購美商 Impax 在台子公司益邦製藥，擴充代工產品線

年度	2013	2014	2015	2016	2017	2018	2019	2020	2021	2022	2023	2024
營業收入淨額（億元）												192.5

資料來源：保瑞

在資訊發達、技術迭代緊湊的現今，跨界的競爭與挑戰已變得稀鬆平常，若公司堅持僅靠自行開發的有機成長，營運天花板恐怕是肉眼可見。因此，為快速因應多變的市場、擴張事業版圖，併購成為企業提升營收的捷徑，不過併購不是目的，只是成長的手段之一，終究要回歸獲利顯著提升才能為股價加分。

圖表5-2-10　保瑞獲利動能強勁 股價同步上漲

資料時間：（上）2013～2024年、（下）2017/04/28～2024/12/31
資料來源：CMoney法人投資決策系統

5-3
預見營運前景的合約負債

　　在資訊爆炸與人手一機的現代，訊息的接收與傳遞越發快速，認真的投資人更是懂得利用營收數據、財報成績單、公司官宣重訊等資訊，來對企業進行基本面的營運體檢與獲利驗收。

　　不過，很弔詭的是，越是沉浸在實際數據中，越是容易遇到撞牆期。每月營收、每季獲利都代表著公司「過去」的營運表現，而「股價」又是效率地反映「未來」展望，那麼，努力下功夫研究這些數據，對投資真的有幫助嗎？又該如何看出公司接單狀況，是否如官宣消息般正向樂觀？

　　其實會有這些疑惑很正常，就像股神巴菲特曾說：「投

資不能總看著後照鏡,要注意前方路況開車前進!」財報中的營收、獲利、EPS 確實代表過去式,是後照鏡,可以幫助我們確認中長期投資在對的方向上,不過卻無法指引前方路況。那麼,能不能從財報看出企業未來的營運端倪?

「合約負債」就是財報當中少數能預告未來業績的指標,是波段投資領先挖掘翻倍極上股的利器。

合約負債是未來營運的風向球

合約負債簡單來說,就像購買超商的「寄杯」咖啡!

假設你在超商購買了 10 杯寄杯咖啡共 500 元,這 500 元將成為超商的合約負債,但將來超商不是透過還錢來償還負債,而是每當你到超商兌換 1 杯咖啡時,超商一一將 50 元轉換為營收,直至 10 杯咖啡兌領完畢,合約負債降至 0 元、500 元營收也全數認列為止。此外,像是旅展時業者售出了餐券、住宿券,或者健身房預收了整年會費、教練課程學費,也都會記錄在合約負債。

因此,投資人可將「合約負債」視為一種在手訂單,也可視作客戶預下訂金購買產品或服務,將來會反映在營收增長動能上,可說是企業未來營運的風向球。

一般判斷合約負債是否出現亮點，主要有 2 大原則：⑴ 連續數季遞增；⑵季增幅度跳升。

另由於合約負債的本質是訂金，企業為避免客戶發生違約風險，根據不同的產業特性、公司信用、認列營收時點等，要求的訂金比例也會有所不同，故投資朋友不能用相同的標準，看待不同產業與企業，這小細節千萬不能忘記喔！

以下我們先來聊聊，合約負債長期連續遞增的案例：

▪ CoWoS 設備領頭廠：辛耘

台積電是全球最大的晶片製造業者，客戶囊括全球科技巨頭蘋果、輝達、超微、高通等，在 AI 的驅動下，台積電的晶片持續供不應求，因此，上調資本支出、向台廠追加設備擴充產能，成為不可逆的一大趨勢。

辛耘（3583）主要供應 CoWoS 相關設備，且在溼製程設備上擁有明顯的優勢，從圖表 5-3-1 中我們可清楚看到，辛耘的合約負債隨著台積電擴張支出，而呈現長期連續遞增，也就是在手訂單金額持續創高，代表接單狀況清晰且未來成長動能強勁。

圖表 5-3-1　辛耘合約負債連續遞增

（億元）

2022 Q1	41.2
2022 Q2	48.2
2022 Q3	62
2022 Q4	77.1
2023 Q1	87.3
2023 Q2	93.6
2023 Q3	108.8
2023 Q4	118.1
2024 Q1	129.2
2024 Q2	132.5
2024 Q3	137.8
2024 Q4	140

資料時間：2022Q1～2024Q4
資料來源：CMoney 法人投資決策系統

辛耘 2022 年第 4 季營收 15.72 億元，改寫單季新高，帶動當年度營收首度突破 50 億元大關，且 2023 年第 1 季營收持續墊高達 16.18 億元，印證了公司的在手訂單確實兌現為營收和現金流入，這對投資人來說即是一相當重要的訊號（見圖表 5-3-2）。

當時辛耘股價才在 70～90 元區間上下浮動，是跟上趨勢、波段布局的理想進場點。果然沒等太久，股價從不到百元一路走升走強，截至 2024 年 10 月 8 日高點 525 元，已走出 6.5 倍的驚人翻倍走勢（見圖表 5-3-3）。

圖表 5-3-2　辛耘營收持續墊高

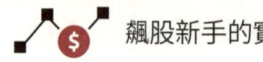

季度	營收（億元）
Q1 2022	12.54
Q2 2022	13.82
Q3 2022	14.4
Q4 2022	15.72
Q1 2023	16.18
Q2 2023	16.11
Q3 2023	17.42
Q4 2023	19.39
Q1 2024	22.44
Q2 2024	23.72
Q3 2024	25
Q4 2024	25.7

資料時間：2022Q1 ～ 2024Q4
資料來源：CMoney 法人投資決策系統

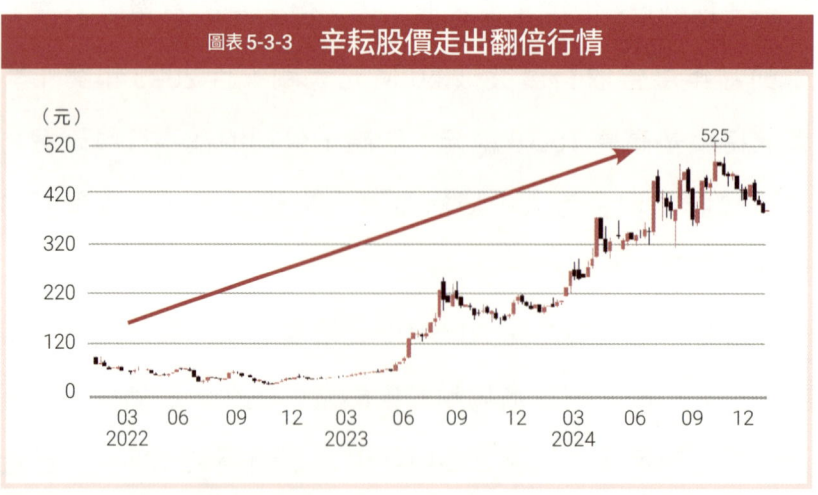

圖表 5-3-3　辛耘股價走出翻倍行情

（股價最高 525 元）

資料時間：2022/01/02 ～ 2024/12/31
資料來源：CMoney 法人投資決策系統

合約負債長期連續遞增,透露業者訂單滿手的盛況,後續入帳的營收也將步步高升,因此符合這種條件的公司,會吸引中長期買盤進駐,鎖住籌碼,有利於股價以大約 45 度角穩定推升。

一旦股價上漲角度變得過於陡峭,甚至急漲後頻爆大量,就表示股價可能已過度反應、提早透支業績利多了。此外,如果合約負債由增轉減,透露出黃金成長期暫時告一段落,也會抑制股價後續動能。

接著來談談,合約負債季增跳高幅度大的案例。和同業相比,特定公司的合約負債跳增幅度越高自然就越醒目,鶴立雞群讓人不注意也難!就有機會成為產業列車的火車頭。因此在挖掘潛力極上股時,我會以季增達 20% 作為門檻,將超標的標的列入追蹤觀察清單中。

▪ 獲利大爆發營建股:冠德

因應台灣預售屋制度,營建業在興建房屋階段,即會開始向客戶收取簽約金、工程款等款項,然因房屋尚未建造完成與過戶,建商暫不得認列為營收,故早期在會計上會列為「預收帳款」,2018 年後則統一改制為「合約負債」。

冠德（2520）推案多集中於雙北地區，圖表 5-3-4 可明顯看出，過去曾有 2 次的明顯跳增：(1) 2018 年第 3 季至第 4 季，合約負債金額增加 18.1 億元、增幅達 65%；(2) 2020 年第 4 季至 2021 年第 1 季，合約負債金額大增 22.9 億元、季增 41%，皆是讓人眼睛為之一亮的跳躍。

圖表 5-3-4　冠德合約負債統計表

資料時間：2018Q1～2024Q4
資料來源：CMoney 法人投資決策系統

由於營建業認列獲利的方式與一般行業不同，是以「交屋」為基準點，因此投資人在合約負債跳增時可列入自選清單觀察，並積極關注建商完工與交屋高峰時點，通常從預售

到開工、再到完工交屋,至少需要 2～3 年,有些大型建案可能會拉長到 4 年左右。

攤開冠德的營收報表,2018、2019 年持續刷新營收新高,2020 年更是躍居上市建商營收王,EPS 達 6.8 元,可見公司建案入帳帶動業績爆發(見圖表 5-3-5)。

圖表 5-3-5　冠德營收表現

資料時間:2018Q1～2024Q4
資料來源:CMoney 法人投資決策系統

2024 年受惠新青安貸款挹注、首購剛性需求、與百億元大案「冠德心天匯」展開交屋等多重利多,業績刺激股價展開一波強悍上漲,最高攻到 68.6 元,來到歷年相對高檔。如

果能及早窺見合約負債跳增的祕密，就能買在低檔便宜的早鳥價（見圖表 5-3-6）。

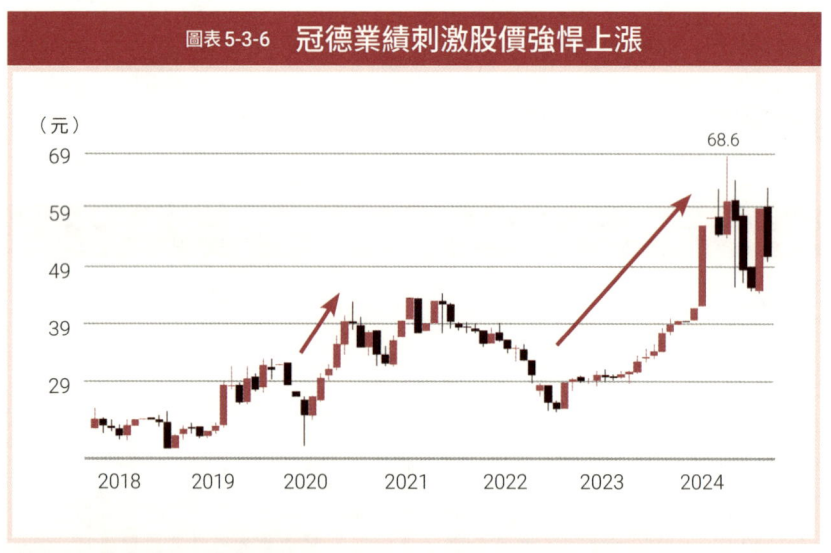

圖表5-3-6　冠德業績刺激股價強悍上漲

資料時間：2018/01/31～2024/12/31
資料來源：CMoney 法人投資決策系統

放眼台股，相對適用合約負債作為選股條件之一，能預先判斷公司未來「錢」景的產業，包含：半導體和光電設備、無塵室工程、營建營造、國防軍工、航太、重電、水力工程等。如果某公司宣稱「訂單已排滿到 3 年後」、「訂單追著公司跑」，以後在媒體上看到這些誘人的利多，記得先去資產負債表當中找出合約負債瞧一瞧，確認消息的可信度。

不論是長期連續遞增或季增跳高幅度大,都是投資人挖掘中長期翻倍飆股的指標,唯要提醒的是,投資市場中沒有一招打天下的無敵利器,它雖能作為營收獲利的領先指標,但投資人仍須利用公司重大資訊、過往脈絡或法人相關看法來逐一檢視營運狀況與操作。

5-4
評估企業競爭力的資本支出

鴻海創辦人郭台銘曾說過：「阿里山神木之所以是神木，是 4,000 年前種子落在土裡時就決定了，絕不是 4,000 年後才知道」。

同理，企業經營層過去的營運企圖心、發展策略規劃，就像是種子一樣，決定了公司現在的市場地位，以及能否領先贏在未來趨勢起跑線的能力。因此若能搶先市場，分辨這顆「種子」是圓、是扁、是何品種，將有助於投資人訂定短、中、長期操作策略。

試想，假如你是一個企業的經營階層，來到資本市場，你想創造的價值是煙火般的短期成長，還是公司長期利益極

大化？很顯然地，為股東設想、懷抱遠見的人會選擇後者，為此公司的每一分錢都須用在刀口上。

說得現實點，金流運用不當將影響日常營運、能否繳清貨款、按時給付員工薪資等；相對地，公司資金若運用得當，甚至願意砸大錢買資產、買設備、提升技術與競爭力，以備未來創造更多營收，自然是公司對未來的訂單、業績成長動能有十足把握。

因此，我認為財報中的「資本支出」，是協助投資朋友領先看到公司未來營運，與接單業績相當實用的一顆「種子」。

企業未來競爭力的關鍵：資本支出

一提到資本支出，相信你我腦中浮現的第一畫面皆是台積電！回顧台積電近年資本支出軌跡，可以明顯看出 2019 年是個相當重要的分水嶺。當年因為 7 奈米製程首度導入極紫外光（EUV）微影技術，資本支出快速增長約 42%，金額達 149 億美元。

台積電的大計是透過良率提升與產能優勢，先搶下全球市占率後，再逐年加大投資設備和技術的力道，此後，年度資本支出一路從 172 億美元跳增至 300 億、363 億美元，為

後續更先進的 5 奈米、3 奈米製程奠定良好基礎。

2024 年第 3 季財報公布後，媒體以「台積電每天開門賺 35 億元」作為標題，即可知道台積電的「鈔能力」不在話下，而帳上約當現金 2 兆元，贏過全球逾半國家的 GDP，更堪稱是富可敵國。

資本支出的正向循環，不僅成功讓台積電在晶圓代工的賽道上，遠遠甩開競爭對手三星（Samsung）、英特爾（Intel），更是讓它的市值在 2024 年一鼓作氣衝上 1 兆美元里程碑。

圖表 5-4-1　台積電逐年增加資本支出

年度	資本支出（億美元）
2016	101.9
2017	108.6
2018	105
2019	149
2020	172.4
2021	300
2022	363
2023	304.5
2024	297.6
2025	380～420

資料來源：台積電

公司沒說的財報祕辛：折舊策略

不過，只是將「錢花在刀口上」還不足以奠定晶圓代工世界第一的地位，助攻台積電打趴對手的祕密武器則是「折舊策略」，因此我將它視為挖寶的第二顆「種子」！

企業購買廠房、設備、車輛、土地等有形資產，皆有其使用期限，折舊即是按照使用年限或預期壽命計算資產價值的方式。常見的方法有：直線折舊、加速折舊。

- **直線折舊**：是在使用年限內，每年提列相等的折舊費用，直至資產無剩餘價值為止。
- **加速折舊**：依據資產新到舊、產能效益由高到低，原則提列折舊，因此每年費用會呈遞減狀態。

而台積電即是台股中將「加速折舊」發揮得淋漓盡致的公司之一！細看台積電財報就會發現，它折舊占資本支出比率幾乎從 50% 起跳，最高曾高達 93%，近 10 年平均每年以 60% 的資本支出金額在提列折舊（見圖表 5-4-2）。

雖然這樣的會計處理，對新製程量產初期不是很友善，因折舊費用提高，壓不住生產成本，將使產品訂價相對較貴，

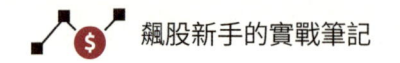

不過提列成本期間卻有至少 3 項好處：

1. 可降低企業營利事業所得稅。
2. 具備前期降低 EPS 與減少發放現金股利效果。
3. 透過快速的攤提費用，公司在中後期將享有產品毛利率大幅攀升的優勢。

圖表 5-4-2　台積電折舊占資本支出比率頗高

年度	2012	2013	2014	2015	2016	2017	2018	2019	2020	2021	2022	2023
%	53	54	69	86	68	79	93	62	65	50	40	56

資料來源：台積電

隨著建廠成本攤提完畢後，固定成本歸零，台積電便有底氣與本錢降價回饋客戶，並持續擴大市占率，競爭對手將被痛打得無以還擊。

如果進一步比較台積電的「稅前息前淨利」和「稅前息前折舊前淨利」，也就是因為折舊加速攤提所「吃掉」的隱藏獲利，2021、2022、2023 年分別為 4,223 億元、4,372 億元、5,321 億元，換算為 EPS 差距高達 16.2 元、16.8 元、20.5 元！

換句話說，當台積電遠遠拋開競爭者後，若未來不需再高額資本支出與提列折舊，先苦後甘的策略足以讓 EPS 再暴增 20 元！

輸人不輸陣 帝寶也超會賺

當然，台股不只台積電特會賺！在經過一番挖掘後，我發現同樣以資本支出與折舊策略，讓獲利鶴立雞群的企業，還有車燈大廠帝寶（6605）。

從圖表 5-4-3 汽車 AM（售後服務）零組件 3 雄 2009～2024 年現金流量比較表可看出，股本僅有 16.58 億元的帝寶，連年砸大錢擴新廠、買設備，累計的資本支出（投資活動現金流）高達 426 億元新台幣。

相較同業，股本大 1 倍的堤維西（1522）同期資本支出只有 272 億元，股本大 3.5 倍的東陽（1319）資本支出 499

億元,只比帝寶多出 1.1 倍,即可知帝寶在產業上的視野與企圖心,遠比我們想像中的還大!

除了大膽的投資之外,帝寶也積極的提列折舊,細算

圖表 5-4-3　汽車 AM 零組件 3 雄的現金流量比較　（單位:億元）

年度	帝寶 平均股本	帝寶 投資活動	堤維西 平均股本	堤維西 投資活動	東陽 平均股本	東陽 投資活動
2009	16.57	−20.1	27.31	−10.58	45.33	−18.99
2010	16.58	−22.92	28.31	−13.43	47.18	−35
2011	16.58	−22.29	30.89	−17.95	52.37	−38.63
2012	16.58	−25.13	31.25	−19.36	55.81	−20.94
2013	16.58	−37.41	31.37	−22.52	57.91	−33.5
2014	16.58	−34.36	31.29	−11.95	59.15	−40.69
2015	16.58	−31.65	31.29	−18.13	59.15	−39.72
2016	16.58	−42.81	31.29	−22.5	59.15	−42.39
2017	16.58	−37.91	31.29	−18.75	59.15	−42.76
2018	16.58	−45.56	31.29	−18.87	59.15	−34.69
2019	16.58	−23.38	31.29	−16.76	59.15	−30.62
2020	16.58	−19.3	31.29	−13.35	59.15	−27.08
2021	16.58	−17.49	32.04	−12.35	59.15	−22.71
2022	16.58	−19.41	34.29	−12.86	59.15	−7.93
2023	16.58	−7.37	34.29	−19.32	59.15	−29.74
2024	16.58	−19.5	34.29	−24.13	59.15	−33.72
加總	—	−426.59	—	−272.81	—	−499.11

資料來源:CMoney 法人投資決策系統

2009～2024年累計提列357億元折舊,足足多出堤維西127億元成本,且與東陽的401億元相去不遠(見圖表5-4-4)。這可解讀為帝寶對自家產品的競爭力、與發展前景頗具信心,且公司願意用前期的沉潛醞釀,等待折舊攤提完畢,準備迎接獲利大爆發的蛻變。

圖表5-4-4 汽車AM零組件3雄的折舊費用比較 (單位:億元)

年度	折舊費用 帝寶	折舊費用 堤維西	折舊費用 東陽
2009	14.12	12.87	17.58
2010	15.87	12.41	17.62
2011	17.8	12.41	19.02
2012	18.17	13.53	20.06
2013	20.44	13.56	22.04
2014	20.33	13.57	23.95
2015	21.41	13.01	26.32
2016	23.02	12.5	26.98
2017	24.08	13.16	27.09
2018	25.86	13.48	28.7
2019	28.01	16.1	30.17
2020	27.55	16.4	29.85
2021	26.89	16.28	29.67
2022	25.9	15.93	28.59
2023	24.75	16.11	27.62
2024	23.48	18.84	26.23
加總	357.68	230.16	401.49

資料來源:CMoney法人投資決策系統

而這 16 年間，帝寶拚現金的能力也可說是相當兇悍！帳上現金從 2009 年的 6.9 億元水漲船高，截至 2024 年已達 40.5 億元（見圖表 5-4-5），狠狠打趴台廠同業，可見過往大手筆擴廠、買設備的投資效益良好，成功為公司帶進訂單，並轉化為實質營收。

圖表 5-4-5　汽車 AM 零組件 3 雄的期末現金比較　（單位：億元）

年度	期末現金餘額		
	帝寶	堤維西	東陽
2009	6.9	14.6	17.2
2010	19	10.8	17.5
2011	19.4	8.9	14.2
2012	16	12.5	13.9
2013	21.3	11.5	10.7
2014	25.3	7.2	12
2015	26.7	6.6	20.5
2016	21.4	8.9	15
2017	26.6	8.2	12.4
2018	22.5	9.9	11.4
2019	28.2	9.4	11.8
2020	19.5	9.9	15.4
2021	29.6	9	14.5
2022	60.1	18.6	23.4
2023	39.5	18.6	38.2
2024	40.5	15.4	47.4

資料來源：CMoney 法人投資決策系統

若再細讀帝寶的營收和獲利數據，會發現 2016～2024 年營收雖只成長 28%，但毛利一舉增長 59%，促使 EPS 大幅跳增 164%，可見經過折舊攤提的耕耘期，利潤率將大幅彈升，讓企業進入獲利暴衝的豐收期（見圖表 5-4-6）。

時間總是站在更看重長期利益的企業主身邊！唯有敢於投資且有謀略的攤提成本、樹立產業護城河，才能將公司獲利規模越擴越大。若投資朋友樂於挖掘「狠會賺」的極上股，那麼請記住，這兩大種子：資本支出與折舊策略，是你絕不能忽略的重要指標！

圖表 5-4-6　帝寶歷年營收和獲利成長

年度	獲利金額（億元） 營業收入	獲利金額（億元） 營業毛利	稅後 EPS（元）
2016	158	43.3	7.19
2017	161	42.2	6.04
2018	162	41.2	5.66
2019	156	39.6	3.89
2020	143	34.5	3.56
2021	161	44.3	6.85
2022	172	50.9	10.86
2023	186	58.9	14.29
2024	202	68.7	18.98
成長率	28%	59%	164%

資料來源：CMoney 法人投資決策系統

5-5
有望推動飆漲的可轉債籌資

在細嚼台積電和帝寶這對獲利王的資本支出與折舊費用謀略後，你是否會想：若企業手臂不夠粗，自有資金不足以支應投資設備、擴充產能，那它會怎麼做呢？

其實，這就像學校的資優生僅有少數一樣，若想要朝此目標前進，就必須借助外力，如補習、做習題等來提升能力。商場也是如此，當企業本身沒有足夠的家底、雄厚的資本，即需學會「借力使力」！

企業常見的2種增資方式

譬如向市場發起籌資活動，充實營運資金、改善財務結構。

常見的方法有「權益融資」與「負債融資」，講得口語一點就是現金增資發行新股，以及透過可轉換公司債來募集資金。

- **現金增資**：指公司額外發行新股，向一般投資人募集更多資金，簡稱現增。
- **可轉換公司債**：簡稱可轉債，是一兼具債權及股權性質的公司債，持有人於一定期間內可按約定價格（轉換價格），將債權轉換成發行公司普通股的權利。

相對而言，我比較不推崇把現金增資視為挖掘極上股的線索，不僅是因為發行新股將使股本膨脹，還可能進一步導致 EPS 下降，而且對企業來說，為求用最少的股數籌得最多的資金，通常辦理現增的時點，會選擇在股價相對高檔區。

例如特斯拉就曾在 2020 年 2 月和 9 月股價高漲時，分別宣布發行新股，各增資約 20、50 億美元，作為未來營運規劃用。

當然，若公司資金到位以後營運有方，如虎添翼，讓獲利飛速成長，那麼即使股價位在高檔，未來也有望持續再創新高。

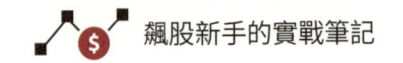

就怕公司只是趁勢吸金，讓大股東在高檔賣老股、認新股，徇私圖利，那麼現金增資反而是個反轉警訊，故投資朋友看到現金增資應該慎思明辨！相對地，我認為可轉債才是投資人能順利挖到極上飆股的利器。

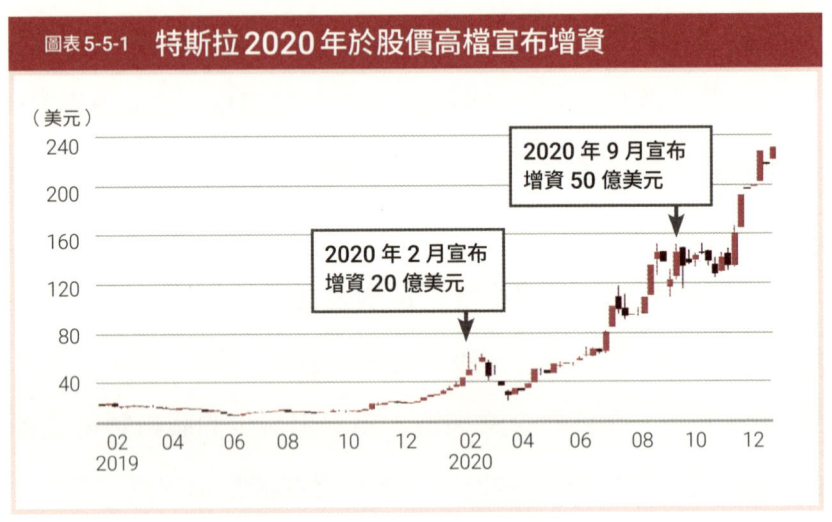

圖表 5-5-1　特斯拉 2020 年於股價高檔宣布增資

標記：2020 年 2 月宣布增資 20 億美元
標記：2020 年 9 月宣布增資 50 億美元

資料來源：CMoney 法人投資決策系統
資料時間：2019/01/04～2020/12/31

可轉債才是挖掘極上飆股的利器

簡單打個比方，可轉債就像是你借錢給一家公司，並拿到對方書寫的借據，只是這張借據有個特別的功能，就是當公司營運良好、股價上漲時，你可以在一定期間內用它（借據）來

換成公司股票；相反地，若是公司營運狀況不如預期，即使股價重挫，你只要繼續保留借據，到期時依舊可以安全收回全部本金。

因此，可轉債具備進可攻、退可守的特性，股票上漲為投資人創造增值空間，到期還本則為投資人提供下檔保護，而且比起現增，可轉債的 2 項特質，更是對股價有利：

- **特質 1**：可轉債年限多介於 3～5 年間，通常持有者會在期限內「陸續」執行轉換，如此便可避免股本一下子膨脹太快。
- **特質 2**：公司傾向於股價相對低檔時發行可轉債，以確保股價未來上檔空間對持有者有轉換吸引力。如果持債者轉換成股票，則公司就無需償債了。

可轉債雖是挖掘飆股的利器，但醜話也要說在前頭！根據我的經驗，每間企業發行可轉債，從發行日至到期日，「何時」能催動股價上演飆漲行情，是「沒有一致性的」，故我無法用一刀切的方式告訴你 SOP。不過，沒有一致性並不代表無跡可尋，一般我會用「4＋2」的方法來留意操作時機。

透過「4＋2」搭上可轉債波段列車

為了讓投資人有效率的搭乘可轉債波段列車，我歸納出「4＋2」方法──4個股價易於上漲的時點＋2個股價加速噴出的訊號。

- **4個時點**：定價後、正式掛牌後、開放轉換前後、轉換到期前。
- **2個訊號**：融券及借券賣出大量增加、400張大戶持股增加。

上述4個時點，可想成是可轉債波段列車4次停靠月台載客，至於上車後是區間車還是直達車，會不會一波攻頂，則需再觀察融券、借券空單是否大量增加，以及大戶的持股變化。

很多時候，個股只要空單大幅增加，市場多認為主力放空，股價恐怕要暴跌了；即使股價不跌反漲，也往往直觀地將之視為軋空行情。

但其實有滿高的比例，空單是為了套利鎖單。簡單舉個例子，假如有一檔可轉債的約定轉換價為30元（買進股票成本），

在執行轉換前,投資人分別在股價上漲至50元時放空,即能確保賣在50元並獲得20元價差;股價衝上100元時再放空,又能確保賣在100元並鎖住70元報酬。

這就是為何股價上漲期間,融券與借券賣出會大量增加的原因,多半是持有可轉債者正在進行鎖單套利;反之,當空單開始回補、融券與借券賣出水位開始下降,則代表轉換的拉抬行情可能已接近尾聲。

以下,我們將用實際案例,帶大家看看不同時點下的飆漲行情。

- **定價後股價暖身起跑:晟銘電**

一般來說,可轉債會傾向定價低、讓套利空間拉大,所以在定價前會壓抑股價,而定價完成後即有機會走出一小波行情。

如 2024 年 10 月 1 日開始投標的晟銘電四（即晟銘電所發行的第 4 檔可轉債）,為晟銘電（3013）帶來一段不小的行情,以 10 月 8 日最低價 122.5 元至 11 月 13 日最高價 176 元計算,波段上漲近 44%。

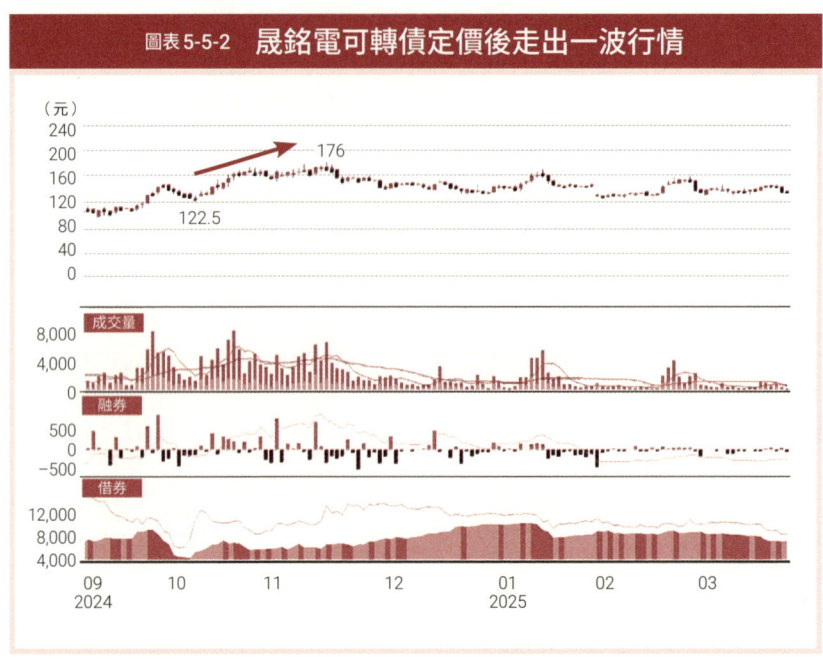

圖表5-5-2　晟銘電可轉債定價後走出一波行情

資料時間：2024/09/02～2025/03/26
資料來源：理財寶籌碼K線

- **掛牌後股價一飛沖天：川寶**

　　川寶二於 2024 年 9 月 2 日掛牌後，有關公司的利多新聞也「巧合」的開始曝光，明眼人如果察覺融券與借券賣出密集、連續地增加，大戶持股也跳增，大概就心裡有數，與可轉債套利鎖單脫不了關係，轉換價僅定在 38.3 元，股價拉越高，當然套利價差就越大，長年位在 50 元以下的銅板股川寶（1595），股價高仰角急速噴出，不到 1 個月就翻倍演出。

圖表 5-5-3　川寶可轉債掛牌後股價快速翻倍

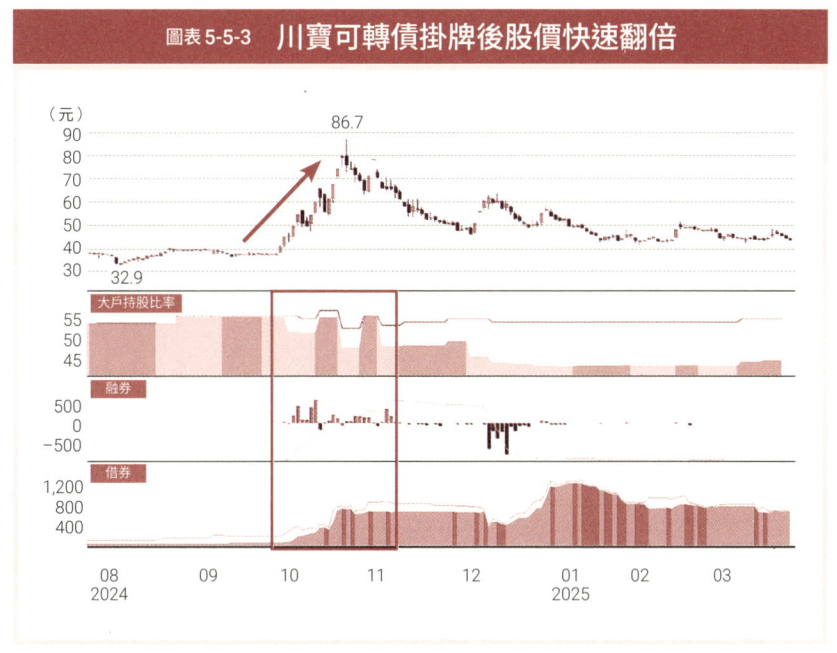

資料時間：2024/07/26～2025/03/26
資料來源：理財寶籌碼 K 線

- **開放轉換為股價添把火：波力 –KY**

　　波力二 KY、波力三 KY 在 2024 年 8 月 31 日、9 月 1 日分別開放轉換，剛開始股價與空單並無特別異常的表現，但自從 11 月融券開始出現連續性增加後，股價隨之逐步墊高，最後衝上 12 月 19 日的 351 元歷史新天價，遠遠高於 2 檔可轉債的轉換價 193.6 元、236.1 元，這段期間可轉債被轉換成股票的張數將近千張。

投資人若能及時搭上轉換行情的順風車，波段約莫能攢下百元的價差，而後續融券下滑，轉換行情也告一段落。

圖表 5-5-4　波力-KY 開放轉換後股價逐步墊高

資料時間：2024/01/30 ～ 2025/04/21
資料來源：理財寶籌碼 K 線

轉換到期前的壓軸瘋狂秀：大量

設備廠大量（3167）所發行的可轉債大量一，發行規模為 4 億元，而在 2024 年 8 月以前轉換比例仍是 0%，如果都沒有執行轉換，也就表示公司必須在 2024 年 11 月 8 日到期

以後拿出 4 億元現金,償還給所有債券投資人。但根據 2024 年第 3 季財報顯示,公司帳上現金也只有大約 4.3 億元,這筆還債支出勢必造成不小的負擔壓力。

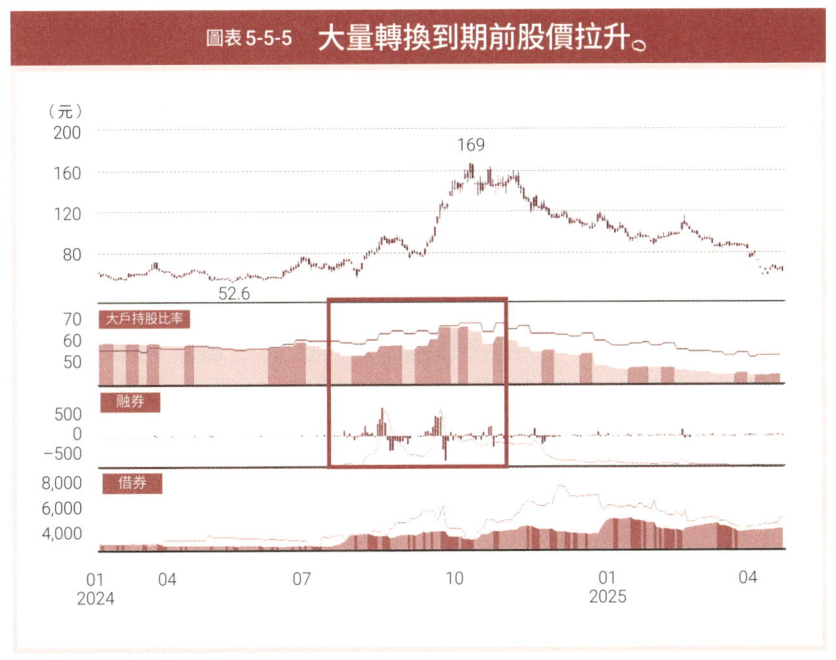

圖表 5-5-5　大量轉換到期前股價拉升。

資料時間:2024/01/30 ～ 2025/04/21
資料來源:理財寶籌碼 K 線

通常在這種情況下,搬救兵、拉股價就是最佳解方。果不其然,上半年還呆若木雞的大量,突然搖身一變成為盤面搶手飆股,扭腰擺臀趕在可轉債轉換前完成最後一舞,股價

從 50、60 元狂漲到 169 元，讓持債者都順利轉換成股票並且飽賺價差，而公司也省下還債支出，操作堪稱一絕。從可轉債來尋找飆股，其實我特別喜歡這種轉換末班車，勝率高且報酬率也高！

發行可轉債的公司很多，長期觀察追蹤甚至會覺得多如過江之鯽，但終究不是每一檔股票都會噴出大漲，這當然和公司所處產業以及題材有關，如果能獲得市場認同並追捧，股價拉抬自然事半功倍。

此外，也可先回頭檢視公司過往是否也曾發行過可轉債，如果有「前科」，不對，應該說是「歷史經驗」可參考，比如某些公司只要發行可轉債就特別會炒一波，當然也就可優先列入飆股口袋名單。

NOTE

5-6 看懂大股東籌碼操作

前述 5 章節，我們利用特定關鍵字和多項評估指標，仔細地與讀者分享，如何瞄準目標及判斷股價未來的上漲空間。符合這些條件的企業，基本面確實有機會更上一層樓，不過我也常說：「基本面決定股價高度，籌碼面影響股價速度。」想要買對股票並且挑對時機，絕對要在籌碼面下功夫！

相較於企業的基本面循序漸進轉佳，籌碼動向對於股價多空的影響力，是更有力也更即時，尤其是在短中線的操作上，畢竟股價是金錢銀彈的戰場，漲跌是資金買賣、多空角力的結果，說穿了，如果大戶或法人願意砸錢下去吸納籌碼，股價自然會順應向上表態，反之亦然。

因此接下來，我將羅列出幾項容易被投資朋友忽略的籌碼線索，並一一為大家解析，如何透過籌碼的分布及流向，找到股價位在低檔區、有機會拉出大波段的極上股。

摸透大股東心理找極上股

股票市場裡傳誦一句話：「春江水暖鴨先知」，如果資訊或消息面能影響股價，那麼最先掌握這些關鍵資訊的無疑一定是公司內部大股東，然後依序才是法人、媒體、散戶。

所以，對於大股東偏多或偏空的態度，小股民最佳的做法就是「聽其言不如觀其行」，實戰中，公司派常見操作籌碼的方式包括：申報轉讓、設質／解質等。

▪ 申報轉讓：贈與、信託

為了防杜公司利用資訊不對稱的優勢操弄股價，《證券交易法》對於內部人持股申報轉讓訂有清楚規範，受到監督的對象包括公司之董事、監察人、經理人及持股超過百分之10的大股東，另外也包括上述人士的配偶、未成年子女。簡單說，要賣出持股必須事前申報，然後自申報日起算 3 天後的 1 個月期間內，始得出脫轉讓股票。

一般持股轉讓有 5 種方式：⑴一般交易；⑵贈與；⑶信託；⑷盤後配對交易；⑸指定人交易。看得眼花撩亂了嗎？別擔心！投資朋友最在意的，無非是申報轉讓後對股價的影響，故我們先來說說比較不屬於利空類型的「贈與」及「信託」。

- **股票贈與**：顧名思義就是股票從一方（贈與人）無償轉移給另一方（受贈人）的過程。
- **股票信託**：是股票所有權人（委託人）與銀行（受託人）訂定信託契約，並將財產權信託移轉給受託人，由受託人依信託契約約定，為受益人利益管理運用信託財產。

由於贈與及信託具備財產轉移的效果，因此在轉讓時須依法繳交贈與稅給政府，而課稅基準是贈與或信託契約成立當天的股票收盤價。所以，在股價高檔贈與、信託，課稅就課得重，聰明又懂得節稅的大股東們，勢必會善用贈與人每年享有的免稅額（截至 2025 年為 244 萬元），並選在適當時機或股價相對低檔時，去執行贈與或信託，故這種申讓不需視為利空，反而後續還可能出現上漲空間。

不過，因每年有上千筆的贈與及信託交易，在篩選標的

前,我會先排除以下幾種情況:

1. 雙方是否互為配偶:根據《遺產及贈與稅法》規定,配偶相互贈與財產免課徵贈與稅,因此無擇時、選低檔的必要。
2. 大股東是否每年固定有贈與或信託計畫:若是每年例行性的贈與或信託,可能只是會計師建議的資產轉移操作,與公司前景並無直接關聯。
3. 市值是否超過 244 萬元免稅額:當申讓價值未超過 244 萬元時,屬免稅情況,因此大股東不須在意時間、價位。

圖表5-6-1 均豪大股東以贈與為目的的申報轉讓

日期	申報人	身分	申報張數	轉讓方式	受讓人
113/05/14	陳政興	董事	49	贈與	陳慧芳
113/05/14	陳政興	董事	200	贈與	吳麗君
113/07/29	陳政興之配偶	關係人配偶	42	贈與	陳慧芳

資料來源:公開資訊觀測站

譬如,均豪(5443)在 2024 年初,搭上 CoWoS 題材展開波段行情,從約莫 30 元的價格大漲至 4 月 9 日的 73.3 元,多數人應該都會認為股價翻倍上漲已漲多,接著大股東於 5 月進行股票申讓,這樣的劇本是不是更讓人毛骨悚然?覺得股價準備要反轉大跌了?等等!如果看清楚申讓目的是「贈與」,或許眼前的高不是高,搞不好暗示股價仍有上檔空間?

很快的股價便於 6 月中旬再度展開攻擊，並於 7 月 8 日攻上波段新高 116 元。不過令人意外的是，內部人不畏股價相對高檔，又在 7 月底再度申讓贈與持股，果然隨著 7 月營收年、月雙增的利多刺激下，從第二度贈與當日起算，再拉出高達 72% 的波段行情。

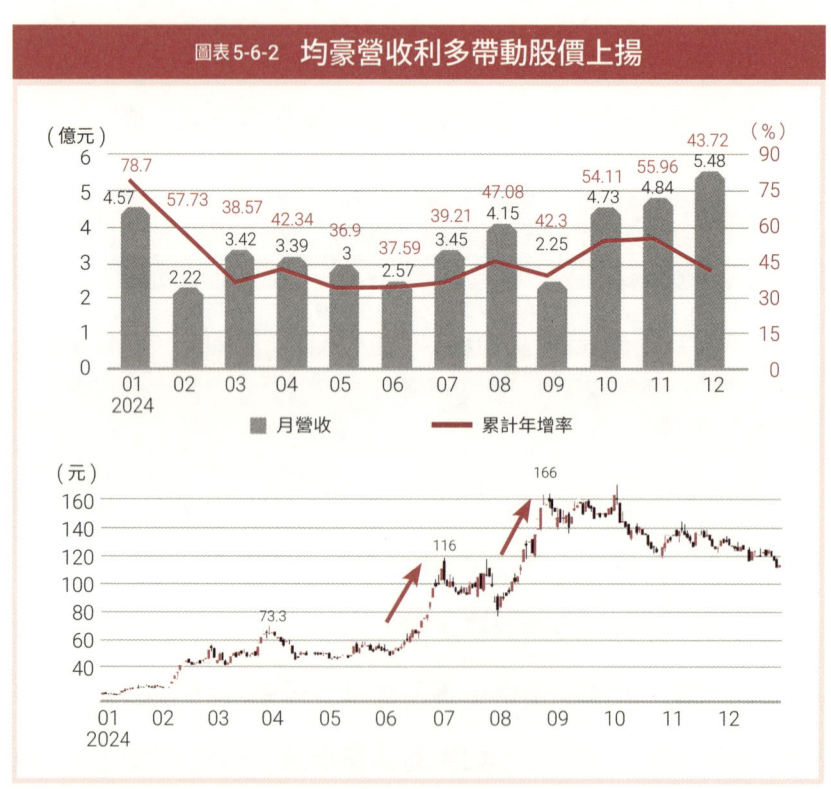

圖表5-6-2　均豪營收利多帶動股價上揚

資料時間：2024/01/02～2024/12/31
資料來源：CMoney 法人投資決策系統

同樣地，股票信託也是大股東高效節稅的方式之一。2024 年雍智科技（6683）的多位經理人就同時在 5 月 28 日辦理持股信託，當時股價約莫 300～320 元，相較 2018 年以來，股價已來到相對高檔區，為何內部人願意在當時執行信託？

雍智科技積極搶進聯發科天璣 9400 系列 SLT（系統級測試）測試載板及部分高階探針卡訂單，以及輝達老化測試載板（BIB）領域，2 項利多讓營運跨步成長；營收自 7 月起，月月創下單月歷史新高，累計年增率也呈雙位數增長，帶動股價猛漲跨越 500 元大關創下歷史新高。回頭想想，難不成內部人有先見之明、贈與選對了「良辰吉日」？

而「盤後配對及指定人交易」因為都有特定人承接籌碼，不構成市場實質性賣壓，故對股價的影響至少能先中性看待。

圖表5-6-3　雍智科技經理人以信託為目的申報轉讓

日期	申報人	身分	申報張數	轉讓方式	受讓人
2024/05/28	吳興仁	經理人	16	信託	中國信託商業銀行股份有限公司受託信託財產專戶（限制員工權利新股）
2024/05/28	陳浩昇	經理人	16	信託	
2024/05/28	劉安炫	經理人	80	信託	
2024/05/28	羅文陞	經理人	13	信託	

資料來源：公開資訊觀測站

例如大立光（3008）家族就曾為了節稅，將個人名下持股轉到投資公司，以享有較低適用稅率及穩定股權，至於影響股價後續走勢的變因太多，故我認為此類型交易是需花時間仔細觀察的。

圖表5-6-4　雍智科技營收逐月創新高帶動股價漲勢

月營收（億元）與累計年增率（%）：

月份	月營收	累計年增率
05/2024	1.3	6.82
06	1.28	7.66
07	1.46	10.29
08	1.5	12.66
09	1.55	14.29
10	1.62	17.08
11	1.65	19.86
12	1.84	23.11

股價走勢（元）：2024/01/02～2025/01/22，高點 457.5、540。

資料時間：（上）2024/05～2024/12、（下）2024/01/02～2025/01/22
資料來源：CMoney 法人投資決策系統

相對地,「一般交易」則需保持高度警覺,考慮到大股東申讓後是直接從市場賣出持股,且很可能已預知公司營運出現狀況,在業績地雷未爆開前事先高價拋售。譬如 2018 年國巨董娘賣股事件,讓股價一下從千元跌落神壇,1 年之後慘剩 200 多元,此事件可說是許多股民心中的痛。

▪ 設質 / 解質

根據申報轉讓類型,投資朋友尚能分辨內部人對公司的看法,不過,身為小股民的我們,到底該如何解讀大股東持股的設質與解質呢?

- **設質**:公司內部人將股票作為抵押品,向銀行或證券公司借款,換取所需資金,因此在設質期間股票的處分權屬於銀行或證券公司。
- **解質**:則是內部人還錢給銀行或證券公司,將股票贖回並拿回處分權。

看完以上定義,我相信投資朋友對設質的第一直覺是,既然內部人都在籌錢了,肯定是在預告公司營運轉差,所以

是凶兆，應趕快出脫股票，其實並不一定！

　　反過來想，如果你是急需資金的董事，而手裡最多、最值錢的就是股票，你會不會想拿股票去抵押呢？我想答案是肯定的，既然如此，個人資金需求與公司營運展望能畫上等號嗎？

　　故投資人必須分清楚，大股東設質動作與股價的連動程度有多相關。當然，私人理由我們很難查證，但倘若是將股票套現之後，營運開始疲弱走下坡，那當然就需對公司前景抱持疑慮。反觀，若是資金需求目的，是要參與公司現金增資，或是在市場上加碼自家股票，那麼自然是看好公司未來營運發展。

　　再者，當股票作為擔保品抵押給銀行或證券公司時，金融機構也會擔心股價的上下波動，造成股票市值不足以償還貸款，因此設有股票質押維持率制度，當股票質押維持率低於130%時，會主動通知借款者2日內補繳保證金、提高質押維持率，否則銀行或券商將強制賣出股票。因此短線上，內部人為避免拿出更多擔保品，應會想辦法讓股價不再下跌，甚至拿這筆錢做多股票使股價上漲。

　　近年最知名的案例，無非是台積電董事長魏哲家在2022年10月、股價下探300多元時，設質1,600張股票換取將近

4億元現金加碼自家股票，引發市場熱議，這對提振信心來說，比庫藏股更有威力，也強過100則利多消息。

以2024年台積電登上千元的成績來看，可說當年董事長魏哲家的設質，除了是以實際行動力挺自家公司，也算是給了所有小股民台積電未來前景的重要提示！

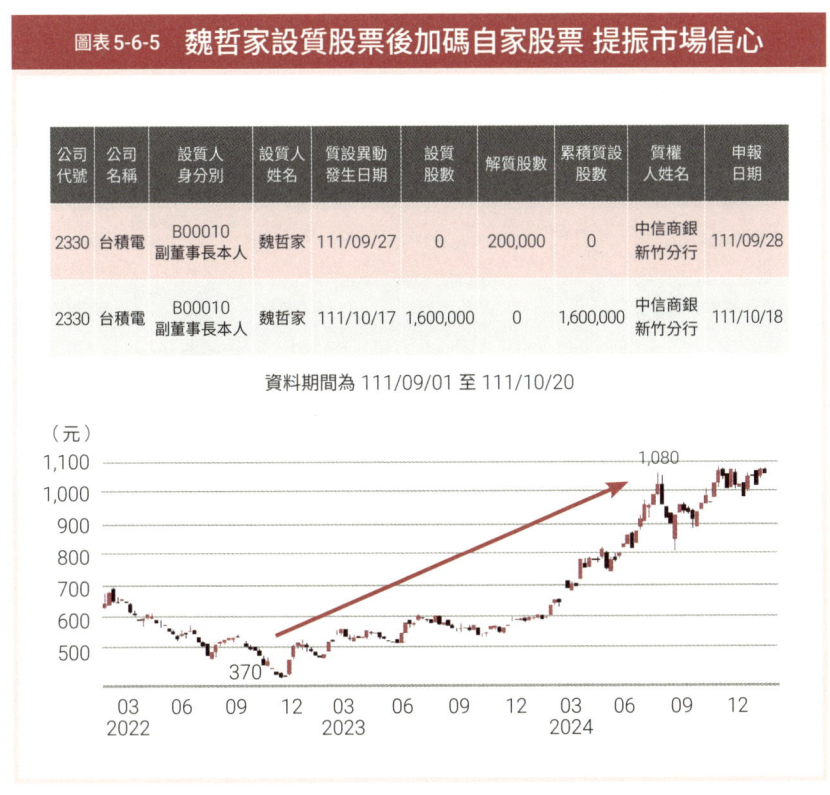

圖表5-6-5　魏哲家設質股票後加碼自家股票 提振市場信心

公司代號	公司名稱	設質人身分別	設質人姓名	質設異動發生日期	設質股數	解質股數	累積質設股數	質權人姓名	申報日期
2330	台積電	B00010 副董事長本人	魏哲家	111/09/27	0	200,000	0	中信商銀新竹分行	111/09/28
2330	台積電	B00010 副董事長本人	魏哲家	111/10/17	1,600,000	0	1,600,000	中信商銀新竹分行	111/10/18

資料期間為 111/09/01 至 111/10/20

資料時間：2022/01/07～2024/12/31
資料來源：（上）公開資訊觀測站；（下）CMoney法人投資決策系統

再看另一例，華晶科（3059）董事長也曾在 2024 年 12 月股價低檔時，申報股票質押 8,400 張。後續隨著機器人眼睛題材發酵，市場傳出華晶科順利打入高通（Qualcomm）及輝達 2 大平台，並拿下美系品牌大廠倉儲及物流機器人訂單，瞬間人氣大開，股價快速展開激烈上漲，若從 12 月 16 日低點至 12 月 25 日高點計算，短線波段報酬約達 47%。

圖表 5-6-6　華晶科董事長質押股票後 股價隨機器人題材激烈上漲

公司代號	公司名稱	設質人身分別	設質人姓名	設質異動發生日期	設質股數	解質股數	累積質設股數	質權人姓名	申報日期
3059	華晶科	D00070 董事本人	曄昌國際有限公司	113/12/13	600,000	0	7,500,000	臺灣新光商業銀行（股）公司新竹分公司	113/12/16
3059	華晶科	D00070 董事本人	曄昌國際有限公司	113/12/13	1,200,000	0	8,700,000	中信商銀桃園分行設質專戶	113/12/16
3059	華晶科	D00070 董事本人	曄昌國際有限公司	113/12/13	6,600,000	0	15,300,000	凱基商業銀行股份有限公司城東分公司	113/12/16

資料期間為 113/12/01 至 114/01/01

資料時間：2024/04/08 ～ 2025/04/01
資料來源：（上）公開資訊觀測站；（下）CMoney 法人投資決策系統

鑑於內部人對公司利多資訊的掌握，至少領先市場1個月以上，過往就曾發現內部人設質後，反而陸續開始有公司利多消息傳出助漲。舉個例子，皇昌（2543）董事長曾於2024年6月中旬，在股價漲多回檔時，大手筆進行3萬7,000張的股票質押，一般人可能不會注意到這資訊，就算看到了，也是害怕擔憂居多吧！

　　沒想到神結局超展開！利多接連見報，因為上半年有3筆工程案完工入帳，不僅拉高第2季營收創史上新高，同時也推升毛利率、營益率、EPS刷新紀錄。此外，取得新建工程訂單，合計新接案量近190億元，再於9月底新成立子公司，實現從材料到施工端一條龍的整合，強化爭取標案的綜效。

　　而這期間股價呈現緩步墊高，並於10月14日盤中攻上101.5元，相較6月50元不到的價格，走出大漲翻倍的格局。

　　相對地，在探究大股東設質對股價的影響後，解質當然也不能單純認為是公司營運轉好、內部人有錢還銀行了，需細細拆解背後原因，若是發現內部人在股價高檔區進行解質，可能是預期公司股價已到頂了，甚或還有潛在利空，所以贖回股票預備到市場賣出變現，那可得睜亮眼盯仔細了。

圖表5-6-7　皇昌董事長質押後 股價受利多消息助漲

公司代號	公司名稱	設質人身分別	設質人姓名	質設異動發生日期	設質股數	解質股數	累積質設股數	質權人姓名	申報日期
2543	皇昌	D00011 董事之法人代表人	黃重雷	113/06/11	549,000	0	549,000	元大證券股份有限公司	113/06/12
2543	皇昌	A00010 董事長本人	豐鑫開發投資股份有限公司	113/06/12	13,000,000	0	65,920,000	永豐商業銀行（股）台北分行	113/06/13
2543	皇昌	A00010 董事長本人	豐鑫開發投資股份有限公司	113/06/12	13,000,000	0	78,920,000	新光商業銀行股份有限公司營業部	113/06/13
2543	皇昌	A00010 董事長本人	豐鑫開發投資股份有限公司	113/06/12	6,000,000	0	84,920,000	華南銀行懷生分行	113/06/13
2543	皇昌	A00010 董事長本人	豐鑫開發投資股份有限公司	113/06/14	5,000,000	0	89,920,000	安泰商業銀行股份有限公司	113/06/17
2543	皇昌	A00010 董事長本人	豐鑫開發投資股份有限公司	113/09/02	0	8,300,000	81,620,000	永豐金租賃股份有限公司	113/09/03
2543	皇昌	A00010 董事長本人	豐鑫開發投資股份有限公司	113/10/11	0	7,600,000	74,020,000	中租迪和股份有限公司	113/10/14

資料期間為 113/06/01 至 114/01/01

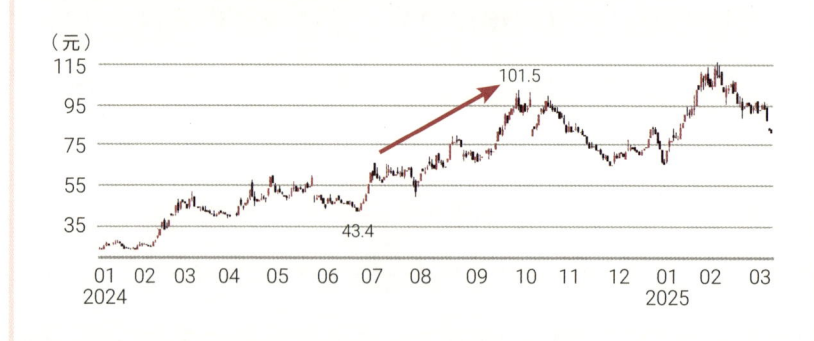

資料時間：2024/01/02 ～ 2025/04/01
資料來源：（上）公開資訊觀測站；（下）CMoney 法人投資決策系統

多數人直觀認定申報轉讓、質押對股價為負面影響，固然也有道理，不過，**意料之內的消息，通常沒有甜頭，反而意料之外的線索，才有超額報酬，故透過追蹤大股東的籌碼變化，將有助於投資朋友提前了解公司營運變化**。跟著蜜蜂走，才能找到花朵；跟著蒼蠅走，只會進入廁所。

5-7 跟著投信一起提前布局市場

我知道每天收盤後,許多投資朋友都會擦亮眼睛等著,下午4點證交所公告的3大法人(外資、投信、自營商)進出買賣超,以了解法人對個股的看好度及股價的影響力。

過去的我也曾是如此,將大把的時間花費在蒐集、分析市場的各類籌碼,但時間一久,我便發現對一般散戶而言,最值得重視與花心思研究的就是「投信」籌碼!

理由很簡單,因為外資籌碼又分「真外資」與「假外資」,「真外資」多買賣大型權值股,較不符合投資人追求財富爆發式成長的目標;「假外資」則樂於炒作冷門且股本小的公司,甚至會有當沖、隔日沖的極短線操作。

而自營商則根據買進目的不同,區分為「自行買進」與「權證避險」,「自行買進」是以券商自有資金進行股票投資,雖為實質買盤,然因操作速度偏快,籌碼較難以捉摸;「權證避險」則是因應市場投資人買賣權證數量增減的避險操作,與是否看好個股無絕對相關。

3大法人中 投信籌碼最值得研究

因此,若你不會辨別籌碼真偽或沒時間盯盤,又希望找到業績成長明確、訂單能見度高、股價續航力強的個股,那我認為「投信」就是你最好的朋友!原因包括以下2點:

- **買股有憑有據**:投信會依據企業基本面與股價上檔空間等考量標的投資價值,不會因為「聽消息」就買,能最大程度的避免買到阿貓、阿狗股。

- **買盤有延續性**:投信具備一定的資金規模,建倉時不可能買1、2天就結束,相對於假外資與自營商自行買賣的短線操作更易於追蹤。況且,你知道這幾年,台股的最大咖主力已默默地由投信接棒了嗎?

▎台股最大咖主力已由投信接棒

外資在全球股市呼風喚雨,過去它的一買一賣,經常牽動台股的漲跌神經,不過這股力量在2019年後發生了變化!隨著中美對抗升溫、新冠疫情侵擾市場,外資在2020、2021、2022連續3年賣超台股,但這3年間,台股並未因外資的撤出下跌,反而從疫情後低點8,523一路上漲至2022年高點18,619,顯見外資勢力式微、內資威力抬頭。

兩股勢力的變化,也默默地在改變台股的結構,2024年台股創下史上最大漲點5,104點,而背後推升台股攀高的力量就是投信。2024年投信買超8,321億元,不僅創下單一年度買超金額最高、更是壓過當年度外資賣超6,951億元,這堪稱是台股歷史性的轉變,由此可知,台股最大咖主力已由投信接棒當家。

而你是否會好奇,投信是練了神功?還是吃了靈丹?為何能在幾年間一躍成為台股最大主力?這答案就在你我身上!

投信是發行、募集、銷售且管理基金的機構,依照投資策略的不同,又區分為主、被動式基金。「主動式基金」重績效,由專業基金經理人選股操盤,旨在創造超額報酬、擊敗大盤與同業;「被動式基金」則重長期增長,參照追蹤的

指數組成調整標的,以達成與整體市場相同報酬為目標,最廣為人知的商品為指數股票型基金(又稱 ETF)。

根據投信投顧公會資料顯示,台股近年被動式基金規模趨勢變化幅度斗大。自 2021 年 3 月起,台股被動式基金市場規模 3,156 億元,正式超越主動式基金 3,151 億元,是推動台股 ETF 井噴式成長的第一個轉捩點。

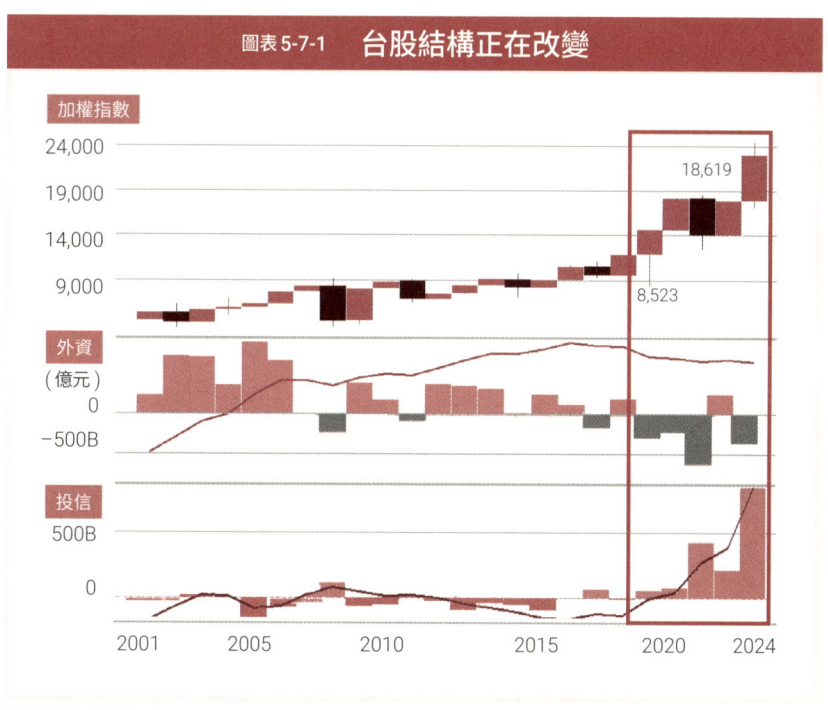

圖表 5-7-1　台股結構正在改變

資料時間:2001/12/31 ～ 2024/12/31
資料來源:CMoney 法人投資決策系統

陸續發行的幾檔高人氣 ETF，如受益人數最多的 00878、最早喊出每季高配息的 00919、首檔月配息的 00929、與募破 1,800 億元的元大臺灣價值高股息（00940），皆是將台股 ETF 推上高峰的功臣。截至 2024 年 12 月，台股主動式基金規模 5,875 億元，而被動式基金規模則達 2.7 兆元，兩者相差 4.6 倍，可見當前投信買盤多由被動式基金主導，而這也為投資人選股衍生出另一個問題。

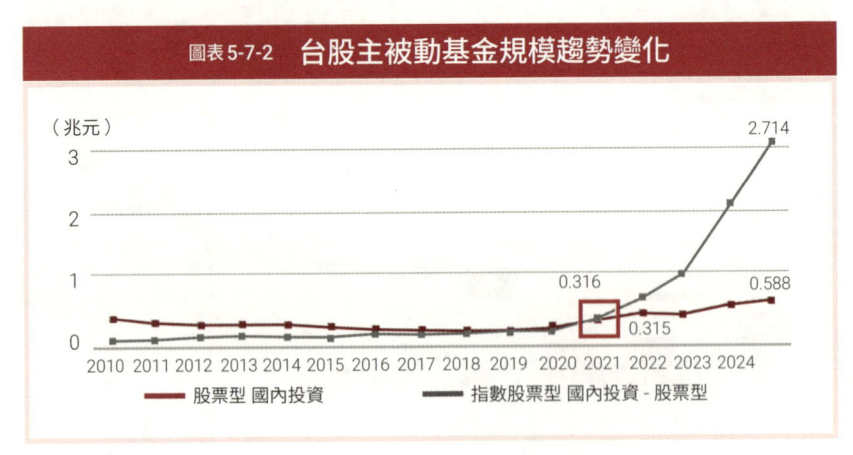

圖表 5-7-2　台股主被動基金規模趨勢變化

（兆元）

年度	股票型 國內投資	指數股票型 國內投資 - 股票型
2021	0.315	0.316
2024	0.588	2.714

資料來源：投信投顧公會

比如，每天花時間做功課，但無法清楚分辨個股是由主動基金所布局，或被動基金所買進，那麼你找到的「明牌」有很大機率只是 ETF 成分股，至於好或不好，我們不妨先用 2024 年投信買超前 20 大標的來評斷。

圖表5-7-3　2024年投信買超金額前20大個股

名次	股票名稱	買超張數	買超金額（億元）	2024年漲跌幅（%）
1	聯詠（3034）	132,341	759.993	-2.9
2	聯電（2303）	1,381,453	719.144	-18.16
3	中信金（2891）	1,270,127	445.56	37.92
4	聯發科（2454）	34,717	419.041	39.41
5	台積電（2330）	39,748	410.34	81.28
6	長榮航（2618）	1,066,946	396.449	41.02
7	長榮（2603）	203,828	363.946	56.79
8	台灣大（3045）	316,259	351.523	15.11
9	世界（5347）	313,261	344.005	22.58
10	遠傳（4904）	322,253	282.713	12.03
11	日月光投控（3711）	136,187	206.857	20
12	力成（6239）	93,572	168.514	-13.48
13	統一（1216）	205,181	167.561	8.59
14	上海商銀（5876）	354,700	148.316	-15.38
15	中華電（2412）	113,094	143.516	2.92
16	和碩（4938）	138,255	141.636	5.27
17	光寶科（2301）	117,964	137.483	-14.96
18	華南金（2880）	490,042	129.46	17
19	華碩（2357）	19,507	125.919	25.84
20	陽明（2609）	165,891	125.104	47.56
	扣台積電平均報酬率	—	—	15.11

資料來源：XQ全球贏家

其中，買超最多的前兩名聯詠（3034）、聯電全年度皆為負報酬；再者，2024 年大盤上漲 28.47%，但買超前 20 大個股扣除台積電的平均報酬率僅約 15%，顯然這不是大家期待擁有超額報酬、能擊敗大盤績效的勝利。為此，我獨家研究出「3 比 8」法寶，來幫助投資人順利偵測主動式基金重倉認養的股票。

用「3 比 8」偵測主動式基金重倉股票

我知道乍聽之下，「3 比 8」會讓人聯想到台語中的「瘦巴巴」，但只要了解並在實戰操作中妥善運用，或許「3 比 8」更能讓你的荷包又鼓又滿！

究竟「3 比 8」是什麼意思呢？指的是投信累計總買超庫存占股本的比率（也稱投信持股比），其中 3% 與 8% 為關鍵偵測點。

假設以情侶間的戀愛關係來比喻，大致分為以下 4 階段：

- **投信持股比 < 3%**：互有好感的兩人，會用約會了解對方，而這就像各投信經理人，以小量卡位試探新股潛力，表示對該筆投資尚未有十足把握。

- **3%≦投信持股比<8%**：在相互吸引並確認適合的前提下，兩人順利發展成新歡情侶，並進入穩定交往蜜月期，此時即是股價連動投信買盤的甜蜜期，也是投資人找買點、賺波段的絕佳時刻。

- **8%≦投信持股比<15%**：隨著熱戀之情漸濃、交往時間日久，彼此間的優缺點都了然於胸，雖然生活仍有激情和驚喜，但也會因期望落空而出現爭吵。換言之，當投信持股比超過 8%，代表該標的已被大部分投信經理人熟知、了解，並已持有一定倉位，相對再加碼力道有限，而且也有部分投信可能開始考慮獲利減碼。

- **投信持股比≧15%**：當過度迷戀轉變為強烈占有，將威脅情侶間的平衡關係，一旦衝突引發，最後可能以分手的悲劇作收。當投信持股比超過 15% 時，無疑已是高持股階段，先停看聽辨別投信與個股間的雙方關係，若股價有反轉跡象，或投信轉賣大量拋售，會建議以賣方角度來思考。

由於第 1 階段和第 4 階段不可控因素多且風險相對高，因此我會建議一般投資人將 3% 與 8% 視作跟單投信的操作偵測點。

飆股新手的實戰筆記

以華星光（4979）為例，自 2024 年 11 月 12 日起投信持股比即 > 3%，爾後投信又持續穩定加碼至 4%、5%，股價走勢也由橫盤轉為向右上角攻擊，從 150 元附近漲到最高 219 元、波段約達 46%（見圖表 5-7-4）；但依然澆不息投信進貨熱情，使投信持股比接近 15%，此時就該抱持適度的警戒心，觀察股價上漲動能是否減弱？或投信是否有由買轉賣的跡象？

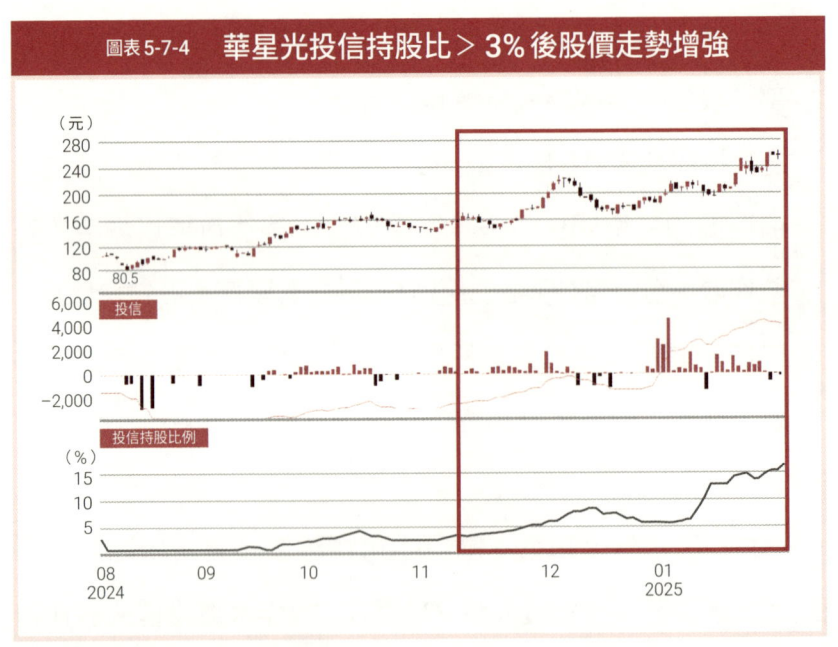

圖表5-7-4　華星光投信持股比 > 3% 後股價走勢增強

資料時間：2024/07/30～2025/01/31
資料來源：理財寶籌碼 K 線

226

不過投資並非一板一眼的，就像日常生活中的情侶，也需要適時的製造驚喜與火花，投信在操作認養股時也是如此，而這該如何判斷加碼時機呢？我會建議搭配「投量比」來評估，計算方式為：投信單日買超占淨成交量的比重。

搭配投量比判斷加碼時機

所謂淨成交量是扣除當沖的成交量，以淨成交量為基準，是因為台股當沖盛行易導致成交量虛胖。

當單日投量比＞10%，表示1天之內有超過10分之1的實買盤來自投信，不就說明了投信正在大力買進，顯然可能掌握了個股利多訊息，或者正準備發動作帳行情，這即是空手者切入或持股者加碼的參考訊號。

再回到華星光的例子，2024年11月18、19、21日這3天，單日投量比皆超過10%，甚至在2024年底、2025年初時，更有單日投量比達20%～30%的紀錄（見圖表5-7-5），由此可見投信在年底前對該股積極作帳的心態。

我常說，投資如果想取得高分，懂得善用透明且有效的籌碼，如同 open book（翻書答題）抄答案一樣容易，而投信籌碼就是最佳的解答！

圖表 5-7-5　華星光的投信持股比與投量比

時間	淨成交量（張）	買賣超（張）	投信持股（張）	投信持股比例	單日投量比
2024/11/1	2,251	0	2,578	1.83%	0%
2024/11/4	4,538	230	2,808	1.99%	5.07%
2024/11/5	5,817	520	3,328	2.36%	8.94%
2024/11/6	5,764	410	3,738	2.65%	7.11%
2024/11/7	6,657	150	3,888	2.76%	2.25%
2024/11/8	16,531	0	3,888	2.76%	0%
2024/11/11	8,522	179	4,067	2.89%	2.1%
2024/11/12	4,820	355	4,422	3.14%	7.37%
2024/11/13	9,782	105	4,527	3.21%	1.07%
2024/11/14	6,087	0	4,527	3.21%	0%
2024/11/15	6,295	30	4,557	3.24%	0.48%
2024/11/18	3,032	450	5,007	3.56%	14.84%
2024/11/19	3,660	505	5,512	3.91%	13.8%
2024/11/20	2,371	210	5,722	4.06%	8.86%
2024/11/21	3,975	501	6,223	4.42%	12.6%
2024/11/22	4,268	406	6,629	4.71%	9.51%
2024/11/25	17,712	231	6,860	4.87%	1.3%
2024/11/26	13,685	120	6,980	4.96%	0.88%
2024/11/27	13,546	735	7,715	5.48%	5.43%
2024/11/28	9,889	180	7,895	5.61%	1.82%
2024/11/29	13,239	0	7,895	5.61%	0%
2024/12/2	19,572	1,729	9,624	6.83%	8.83%
2024/12/3	13,363	778	10,402	7.39%	5.82%
2024/12/4	11,867	110	10,512	7.46%	0.93%
2024/12/5	10,504	38	10,550	7.49%	0.36%

▼接下頁

飆股獲利步驟3：用7指標挑出極上飆股 | 第5章

圖表5-7-5　**華星光的投信持股比與投量比**

時間	淨成交量（張）	買賣超（張）	投信持股（張）	投信持股比例	單日投量比
2024/12/6	6,882	467	11,017	7.82%	6.79%
2024/12/9	7,043	80	11,097	7.88%	1.14%
2024/12/10	11,886	−1,058	10,039	7.13%	−8.9%
2024/12/11	6,060	0	10,039	7.13%	0%
2024/12/12	6,512	11	10,050	7.14%	0.17%
2024/12/13	10,848	−1,029	9,021	6.41%	−9.49%
2024/12/16	6,036	−302	8,719	6.19%	−5%
2024/12/17	6,780	27	8,746	6.21%	0.4%
2024/12/18	7,196	−1,183	7,563	5.37%	−16.44%
2024/12/19	9,996	−55	7,508	5.33%	−0.55%
2024/12/20	7,479	6	7,514	5.34%	0.08%
2024/12/23	3,799	0	7,514	5.34%	0%
2024/12/24	4,354	−58	7,456	5.29%	−1.33%
2024/12/25	10,813	0	7,456	5.29%	0%
2024/12/26	8,900	0	7,456	5.29%	0%
2024/12/27	9,041	476	7,932	5.63%	5.26%
2024/12/30	6,145	293	8,225	5.84%	4.77%
2024/12/31	8,391	2,742	10,967	7.79%	32.68%
2025/1/2	11,044	2,223	13,190	9.37%	20.13%
2025/1/3	20,876	4,349	17,539	12.45%	20.83%
2025/1/6	12,743	133	17,672	12.55%	1.04%
2025/1/7	7,058	378	18,050	12.82%	5.36%
2025/1/8	7,100	278	18,328	13.01%	3.92%
2025/1/9	11,737	1,580	19,908	14.14%	13.46%
2025/1/10	7,968	586	20,494	14.55%	7.35%

資料來源：XQ 全球贏家

229

第 6 章

飆股獲利步驟 4：
有紀律的執行策略

6-1
台股已和你想像的不一樣

自20多年前開啟股市旅程後,「順市場趨勢、反群眾心理」一直都是解答我投資困惑的10字箴言。每當我對前景迷惘或焦慮不安時,總會先勸誡自己冷靜,提醒自己無論消息數據的好壞,切記以市場為師,市場走勢永遠是對的,為此,才在本書第3章,分別從基本面、資金面、心理面帶著讀者洞悉市場趨勢。

但隨著投資之旅行腳至今,台股的風景樣貌已和過去大不相同,現在的大盤指數仍然可以客觀指引市場趨勢嗎?過去的價量分析仍適合當成操作的金律嗎?現在的台股,其實已和多數人想像的不一樣!

▍大盤的長相越來越像台積電

2024 年加權指數大漲 28.47%、2023 年上漲 26.83%，是史上第二次「至少連續 2 年」漲幅超過 2 成，前一次是 2019～2021 年，連續 3 年漲幅分別為 23.33%、22.8%、23.66%，而這 5 個年度的風光表現，最大功臣就是台積電，在這 5 年的平均漲幅高達 47.29%（未含息值）。

台積電股價攀升、市值茁壯，對台股的影響力已經大到像是「酷斯拉」等級，市值比重占整體台股已逼近 4 成，所以市場開始有「台積電一個人的武林」這樣的說法出現。

大盤的長相越來越像台積電，讓加權指數的分析、預測失去實質作用，也就是說，即使將來大盤指數漲破 3 萬點、持續呈現多頭，很可能還是一堆個股破底。

更誇張的是，預估光是台積電一家公司的盈餘就占所有上市公司的 59.2%，再零星扣除幾家獲利不錯的權值股，剩下的 992 家公司盈餘全部加總也僅占 1.1%。

所以當我們討論台股企業盈餘基本面的時候，台積電是鎂光燈聚焦的主角、超級巨星，其餘多數個股淪為跑龍套的臨時演員，連配角也稱不上。然而凡事就壞在過度而無界限。

回頭看全球最成熟、規模最大的美股，即使擁有地表市值最大的企業：蘋果、輝達、微軟等，但早已事先訂定個股權重上限規則，科技3巨頭占標普500指數的比重都不到1成，大盤指數能夠較真實地反映整體經濟表現和多數個股的漲跌。

而台灣的這隻「巨獸」（台積電），雖說近幾年的確帶著台股飛速大漲，給予投資人相當大的信心，但權重居高不下、過度影響大盤的下場你可曾想過？或許3、5年內它仍是世界最重要的企業之一，那10年、20年後呢？萬一某天它的影響力逐漸消退，而占台股比重又如此高，屆時往下的力道是否會拖垮大盤指數表現呢？

▌避免誤判方向的騰落指標和多空排列家數

若要問我觀察大盤重不重要？我仍會說重要！但僅就長期趨勢方向參考，真正決定財富多寡的關鍵是個股表現，可進一步由「騰落指標」（ADL，Advance-Decline Line）和「多空頭排列家數」來衡量。

騰落指標是藉由累算每日市場漲跌家數的差值，來反映整體市場行情的漲跌強弱變化，觀察著重於走勢方向而非差值大小。比如2024年第4季，大盤指數約在22,000～23,500

點間來回震盪，但不妙的是騰落指標趨勢向下，代表上漲家數頻頻少於下跌家數，使實戰操作難度提高（見圖表6-1-1）。

圖表6-1-1　台股加權指數與騰落指標

資料時間：2023/01/06～2024/12/31
資料來源：CMoney 法人投資決策系統

另外，統計所有上市櫃股票技術面均線多、空頭排列家數比例，也能協助投資人快速判斷大盤結構與市場氛圍。比方說2024年5月至7月間，台股從約莫2萬點上漲至2萬4,000點，長均線多頭排列家數的比例穩定升高，表示個股各顯身手、健康輪動往上，在此狀況下，投資人賺錢的機率提高。

到了第 4 季指數橫向盤整，即使未跌，但長均線空頭排列的家數較多頭排列的比例高，空頭明顯占上風。有時候最讓人為之氣結的是，指數明明大漲，手中持股反而下殺破低，多頭信心自然被擊潰。

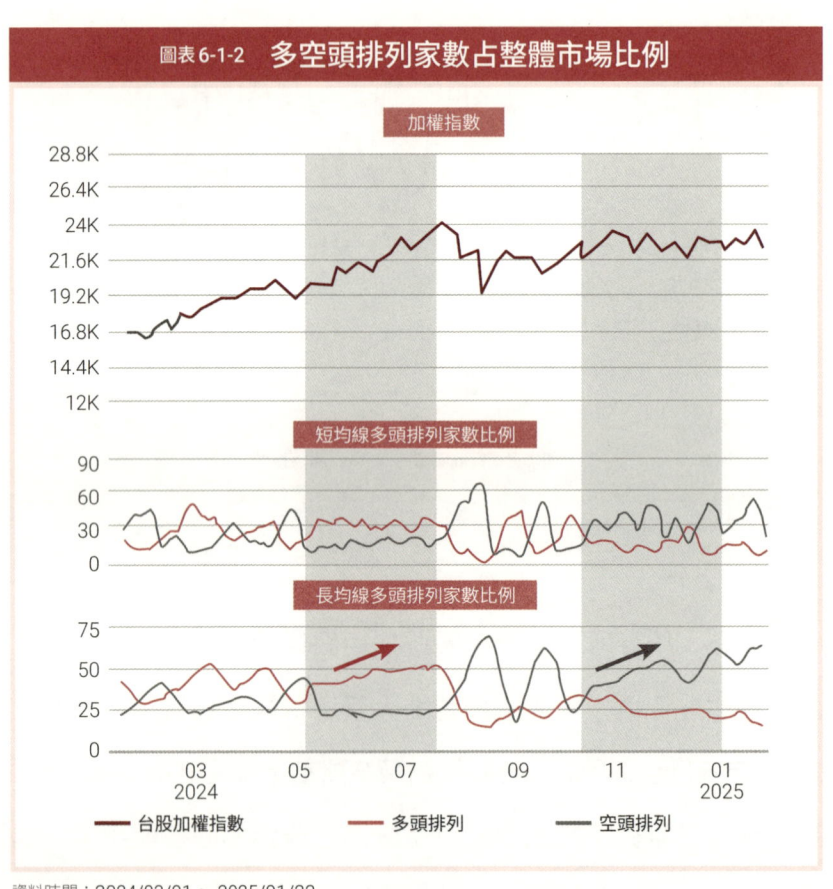

圖表6-1-2　多空頭排列家數占整體市場比例

資料時間：2024/03/01 ～ 2025/01/22
資料來源：玩股網

所以，台股要漲得扎實，還是需要多數個股輪動參與其中。建議大家將這 2 項指標納入觀察，不僅能避免指數失真而誤判方向，同時也更能貼近投資人的體感獲利。

無本賭場 當沖衝擊台股的詭譎現象

2024 年底立法院通過延長「現股當沖降稅」措施，讓不少股民鼓掌叫好。當沖降稅減半制度，最早始於 2017 年 4 月，當時政府考量台股交投清淡，訂下當沖稅率由千分之 3 降至千分之 1.5，以刺激、活絡市場。

在大約 8 年的運作下，成交量能逐漸擴大，確實為台股帶來不同的面貌，但當沖降稅對一般投資人而言，到底是甜在心裡的糖果？還是裹著蜜的毒藥呢？

其實，一般小資族、投資人對當沖最大的誤解，就是認為能靠著有限資金、每天一趟、重複周轉賺錢。例如資金 10 萬元，一日賺 5% 也就是 5,000 元，1 個月即進帳 10 萬元，比認真工作的薪水還高；再加上，社群平台時常有大神貼對帳單、秀績效，讓散戶對此有了無限憧憬。

根據證交所統計，2024 年全年集中市場交易金額累計達 99.81 兆元，較 2023 年的 67.2 兆元大增 32.61 兆元；其中，

當沖交易金額約 35.7 兆元，占總成交金額 35.85%，且收益金額達 800 億元、較前年激增 300 億元，成長 1.6 倍，然而看似市場贏家的短線衝浪客，實則多是輸家！

圖表6-1-3　2024 年當沖交易激增

項目	2022 年	2023 年	2024 年
台股成交金額	59.57 兆元	67.2 兆元	99.81 兆元
當沖占成交金額比例	38.78%	37.87%	35.85%
買進成交金額	23.1% 兆元	25.41 兆元	35.71 兆元
賣出成交金額	23.14 兆元	25.46 兆元	35.79 兆元
證交稅	347.15 億元	381.93 億元	536 億元
手續費	329.8 億元	362.48 億元	509 億元
收益金額	372.57 億元	504 億元	800 億元
收益扣掉成本（證交稅＋手續費）	－304.38 億元	－239.45 億元	－246 億元

資料來源：證交所

先看圖表 6-1-3 紅框處，當沖收益扣掉成本後實際為虧損 246 億元，可知收益金額其實不足以彌平證交稅加上手續費的交易成本。大家不妨想想，假設手續費打 5 折，也就是買賣合計費用率為 0.1425%，另外賣出課徵稅率減半的證交稅 0.15%，當沖一趟總成本就是 0.2925%，乍看之下很低，對不對？

但如果一天當沖 1 次，一年下來少說也有 200 次吧，那麼總成本率就是 58.5%，先不討論當沖勝率的問題，光是扣除成本要打平就至少得先賺到約 6 成報酬率，還會覺得容易嗎？

另外，金管會統計市場 2024 年當沖的成績單，發現雖有 53% 的人賺錢、47% 的人賠錢，但獲利金額 233.49 億元遠不及賠錢金額 524.76 億元，也就是賺小賠大，而且 13% 的人包辦了 9 成虧損，顯示深陷其中而賠到無法自拔的大有人在，這場景像不像凌晨 5 點屁股還黏在椅子上的賭客？當沖對不夠自律的投資者來說，或許如同政府開設的無本合法賭場。

台股的當沖比重已常態性超過 3 成，偶爾甚至會很誇張地接近 5 成，對市場一定會造成新的影響，簡單來說，當沖的買盤與賣壓都會在當天反應完畢，和隔天開盤、隔天盤中股價往上往下都毫無關聯。

過去技術分析的理論常說，當出現爆量長黑或是留了長上影線時，皆有反轉翻空的疑慮，但現在常見的走勢，是隔天股價像沒事一樣的船過水無痕，反之亦同，也就是前後 2 天的漲、跌，不一定具有連續性和關聯性，個股的當沖比率越高，技術分析的準確度就可能越低。

譬如興能高（6558），在 2025 年 1 月 17 日出現高檔爆量長黑吞噬 K 棒，在 1 月 21 日又留下長上影線（俗稱墓碑線），按照過往經驗判斷，這 2 天必定累積沉重套牢賣壓，後續可能反轉走空。

但如今短線進出當道，只要成交量大、價格波動大，就容易被當沖客鎖定，興能高在 1 月 17 日與 1 月 21 日當沖比重就分別高達 80%、83%，代表有約 8 成的賣壓已在當天反應完畢，故隔天股價依然不受影響續漲創高（見圖表 6-1-4）。

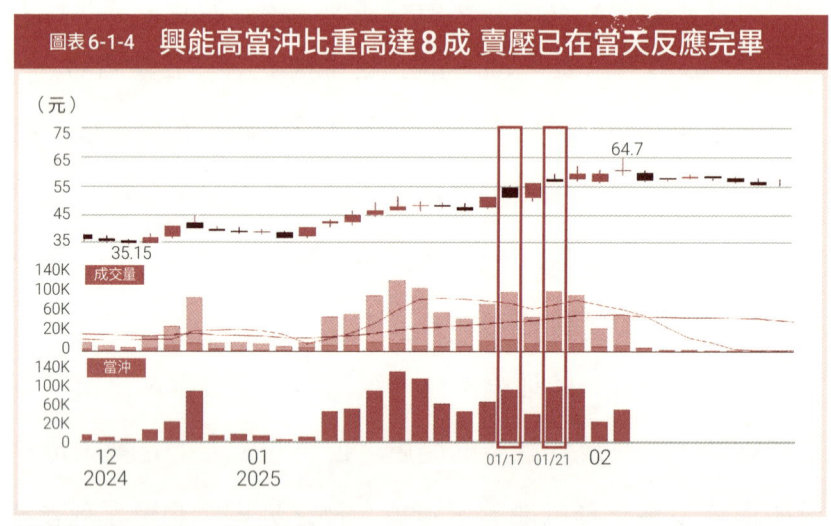

圖表 6-1-4　興能高當沖比重高達 8 成 賣壓已在當天反應完畢

資料時間：2024/12/23～2025/02/13
資料來源：理財寶籌碼 K 線

再看另外一例，2024 年 5 月人氣與股價直升的所羅門（2359），當時在 AI 機器人的題材助攻下，股價不斷續寫新高，然在上漲途中 5 月 20 日、5 月 23 日卻出現留上影線的 K 棒，不免讓人打了寒顫。但事實是，這 2 根 K 棒皆是當沖比重高達 78% 的傑作。故在當沖盛行的時代下，投資人需要

跟著市場改變操作思維（見圖表 6-1-5）。

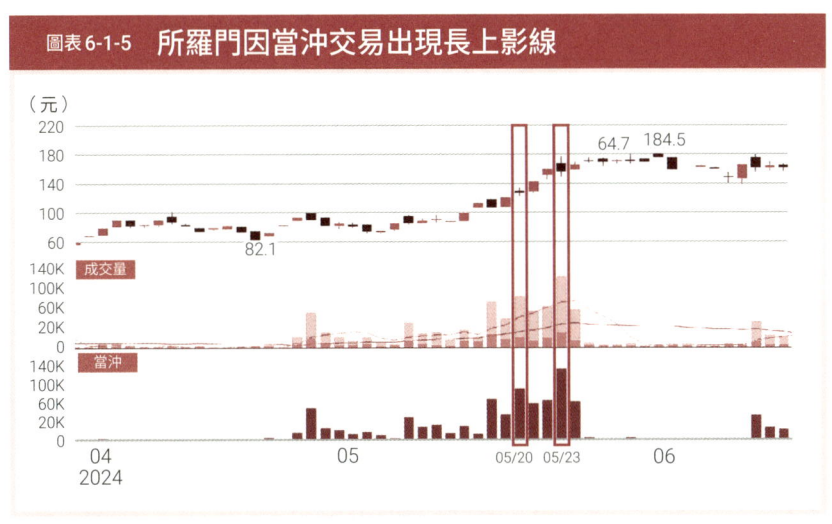

圖表6-1-5　所羅門因當沖交易出現長上影線

資料時間：2024/04/01～2024/06/17
資料來源：理財寶籌碼 K 線

　　台積電權重的漲高、上千檔個股走勢的不同調、與當沖促使資金短進短出，皆是造就台股新面貌的因素。投資本就該與時俱進，許多以往的贏家法則，放至現在，也有重新調整的必要。

　　比拚短線，主力大戶永遠占上風，一是有資金規模優勢，二是資訊取得領先，三為交易速度相對更快，故散戶欲翻身還是得倚靠波段極上股，一步步累積複利將雪球滾大。

6-2
常害你賠錢的人性弱點

在本書的第 5 章，我談到股市裡只有「輸、贏」兩種結果，而令人糟心的是，許多人縱使學遍市面上各門各派的技術分析、籌碼教戰，參與眾多的公開講座、社群論壇，投入的資金依然像石頭一般，丟進水裡（市場）撲通一聲，然後就沉入水中，再也激不起任何水花了。

如果先撇除投資技巧與實戰經驗不說，據我多年和投資人互動的心得，我認為投資更需花時間去審思與調適的，反而是交易上的「人性弱點」。

散戶常「想控制市場」，以此心態來舉例，許多投資人常覺得自己很用功，大量蒐集資訊，貼近時事，所以家事、

國事、天下事,事事關心,什麼都能插上一嘴。

但到頭來發現,市場永遠都有擔心不完的變數!比如聯準會是否會降息、總統大選選情誰領先、俄烏戰爭何時平息、台積電去美國擴廠的利弊得失等,如果這些問題都能通達,那大概也能當全球政府的決策顧問了!

你可曾也為這些變數焦慮、腦補?並不是這些事件不重要,政治、經濟、產業、股市等的確環環相扣、交互影響,不過很多時候變數會被媒體有意的放大渲染,因為話題總能帶來流量!

更重要的是,投資朋友如果把有限的時間與心力,過度分散用在分析、甚或預測這些無法掌控的外在變數,那還能顧好自己的荷包嗎?

投資最重要的是克服人性

以前我在投信任職時,同公司的基金經理人績效好壞落差非常大,績效落後的操盤人,並不是產業或個股的專業能力矮人一截,往往都是因為情緒起伏比較明顯,而且容易受變數影響、心情搖擺不定,自然就會產生錯誤的投資決定,比如在崩跌時砍在「阿呆谷」。

反觀，之前有一個同事，擔任基金經理人的資歷相對短，可是他卻能憑著優異的績效，一路從新人躋身為明星經理人，再被同業挖角榮升為投資長。

　　記得以前每當股市出現黑天鵝，開會時大家都在熱烈討論市場接下來會怎麼走，只有他總是聚焦在如何優化投資組合、與調整交易策略，他常說市場無法被預測、更無法憑一己之力去改變，不論大戶還是散戶，都只能調整持股部位去適應市場的善變。

　　真正最擅泳者，一定對大海保持謙卑與敬畏，從他身上我學到很多風險、資金和情緒控管的寶貴經驗。

　　同一事件，兩種截然不同的反應，即是造就贏家與輸家的最大關鍵！**輸家往往先操無謂的心、庸人自擾，贏家則是懂得控制自己、修正決策、再翻轉劣勢。**

　　擔任分析師多年來，我也常側面觀察粉絲、學員、客戶的交易行為，發現多數人的問題圍繞在基本心態、選股方法、持股組合、看待股價4大項，而我也簡單的列出其中差異與讀者共勉，期待你能從中得到一些啟發，並有利於後續的交易操作。

　　察覺到投資交易多少參雜「人性弱點」後，接下來我們

將在本節與下一節,細化討論投資人在買賣股票時,遇到的阻礙與心態上的轉變。

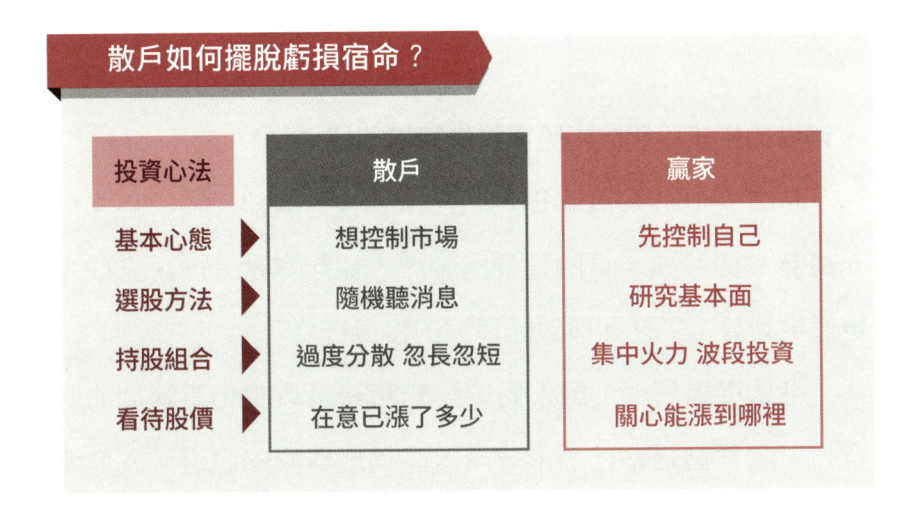

散戶如何擺脫虧損宿命?

投資心法	散戶	贏家
基本心態	想控制市場	先控制自己
選股方法	隨機聽消息	研究基本面
持股組合	過度分散 忽長忽短	集中火力 波段投資
看待股價	在意已漲了多少	關心能漲到哪裡

▋容易買高賣低的「定錨效應」

在各大節日逛街購物時,人們最常見到的景象,是商家的折扣促銷,例如在產品原價 1,999 元上打上大大的叉,並放大標示優惠價 899 元,以不只對折的優惠吸引目光、增加買氣。

但這看似讓顧客占盡便宜的活動,實則是商家利用 1,999 元為錨點,讓你有相當便宜、非買不可的欲望,這類認知偏誤在行為心理學中稱之為「定錨效應」。

股票市場中也存在著定錨效應。如 2024 年元大投信打破以往台灣 ETF 發行價 15～20 元設定，以 1 股 10 元推出 00940 立刻引起市場轟動，募集狂吸逾 1,800 億元。

鴻海的牛皮股印象讓股東錯失翻倍漲幅

而 00940 的爆紅關鍵，就在市場投資人誤認為「用 1 萬元買到 1 張股票，真的超便宜」、「比起其他 ETF，它成本更低更划算」，進而導致非理性的投資行為。

可見定錨效應，對人們的認知和決策具有相當程度的影響力，尤其當錨點已然形成時，將構成買股的阻礙。就像鴻海（2317）股價牛皮、長期在百元附近盤整的印象已深植人心，所以當 2024 年 3 月股價剛攻上 120、130、150 元後，股東人數一下子暴減了 12 萬人，可見多數股東是站在賣方。

結果因為 AI 訂單帶來轉骨契機，股價一甩常態變蠻牛，最高曾飆漲至 234.5 元，可惜的是多數人賣飛後即便認同趨勢轉變了，但礙於過去經驗，害怕買高、買貴，沒有勇氣再買回部位，眼睜睜的看著股價走高，錯過最肥又最好賺的波段。

圖表6-2-1　投資人被定錨效應影響 錯過鴻海最賺波段

資料來源：XQ全球贏家

- **千元股王下跌 想撿便宜卻變成接刀**

另外，定錨效應也可能讓投資人持續買進翻空的個股，以為掉下來的是鑽石，結果是利刃。

我們從週K線來看國巨，在 2018 年 6 月初收盤價首次站上 1,000 元，當時股東人數約 3.6 萬人，接下來市場一番吹捧後，股價繼續衝至 1,300 元天價，在千元附近大概晃了 2 個多月。

投資人逐漸習慣國巨千元以上的身價，甚至外資還喊出 1,500 元的目標價，所以當國巨跌至 800、700 元，會誤認為股價便宜、買到賺到，在 2019 年 8 月股價寫下 203 元波段新低時，股東人數反而已倍增到 7.7 萬人。

這種以為跌價就是可撿便宜的心態，通常是將股票視作一般商品，用價格而非價值來做為買進的依據。

然而事實上，個股的價值會隨著營運表現而轉變，衡量股價的標準也應該隨之動態調整。如果忽略了股票持續下跌通常存在基本面問題，往往會陷入攤平後越攤越「貧」的窘境。

該如何戰勝定錨這心魔呢？請謹記「基本面決定股價高度」，**不要被過去的股價、走勢綁架，應著眼於個股現在與未來的價值**，如此才能做出較正確的決策。且當下每一次的買賣都是獨立決策，和之前買進或賣出的價位無關，不要再去惦記上次買在哪、賣在哪，只需專注考量這一次進場有沒有價差空間。

如果你覺得這種心境很難體會，我建議可試著以小額資金嘗試交易指數期貨，累積一些交易經驗後，應該就能抓到「忘記過去，專注當下」的感受。

圖表6-2-2　國巨股東被定錨效應影響 不斷接刀

資料來源：XQ全球贏家

▌贏家投資金律：買強不買弱 買高賣更高

要在股票市場賺錢，順勢而為相當重要，當投資標的趨勢往上，也就是低不破低、高有過高，之後都有機會用更高價獲利賣出；反之，當股票趨勢往下，最好就不要急於出手買進、加碼攤平，以避免成為接刀的祭品。

如果賽馬時可以在起跑後才下注，你會押注目前在前頭領跑的，還是豪賭最落後的大逆轉？在我投資生涯的前幾年，

深刻相信「逢低買進」，結果常掉入賠錢的無底深淵，直到我把這4字送進碎紙機，才體悟出「買強不買弱，買高賣更高」的投資哲學，自此征服股市的路途才走得順遂！「啊！多麼痛的領悟啊！」，希望股市小白不必像我一樣在股市繳那麼多學費。

台股產業族群性非常強，經常有抱團上漲的情況，緊盯領頭羊的動向，不只能判斷族群的爆發力與續航力，優先買進強勢領漲股更能極大化波段報酬。

- **不敢追高飛捷反而錯過飆漲機會**

例如邊緣 AI 產業在 2025 年初引爆話題，當中工業電腦成為新崛起的主流族群，飛捷（6206）在 2 月 5 日由底部

圖表 6-2-3　工業電腦族群的股價波段表現

個股	2025/2/5 當日漲幅	2/5～2/19 波段高點漲幅
飛捷（6206）	9.72%	73.98%
樺漢（6414）	5.46%	16.9%
安勤（3479）	5.3%	27.62%
立端（6245）	4.72%	16.51%
振樺電（8114）	3.29%	10.54%
虹堡（5258）	2.37%	16.84%

起漲，拉出長紅棒漲停鎖住，當日市場開始積極尋找工業電腦的下一棒，資金到處點火、樺漢（6414）上漲5.46%、安勤（3479）上漲5.3%、立端（6245）上漲4.72%、振樺電（8114）上漲3.29%、虹堡（5258）上漲2.37%，是不是很多專家會告誡你，不要追高、去買漲幅相對較小的？

　　過了2週以後，飛捷創下波段新高、累積漲幅將近74%，而2月5日當天漲幅第二名的樺漢，同期間最大漲幅僅16.9%，認真檢視，你會發現強、弱勢股的報酬率往往會越拉越開。所以，買進所謂「低位階」的補漲股，聽起來心安，最後算績效則是辛酸！

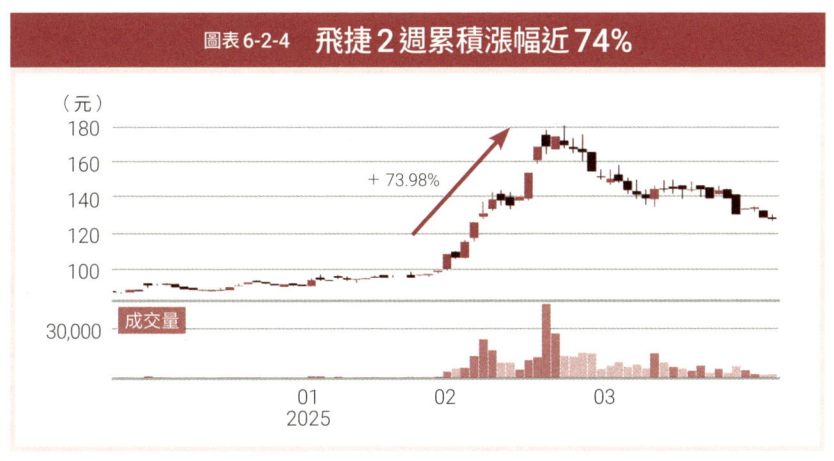

圖表6-2-4　飛捷2週累積漲幅近74%

資料時間：2024/12/02～2025/03/28
資料來源：CMoney 法人投資決策系統

圖表6-2-5　虹堡2週累積漲幅只有近17%

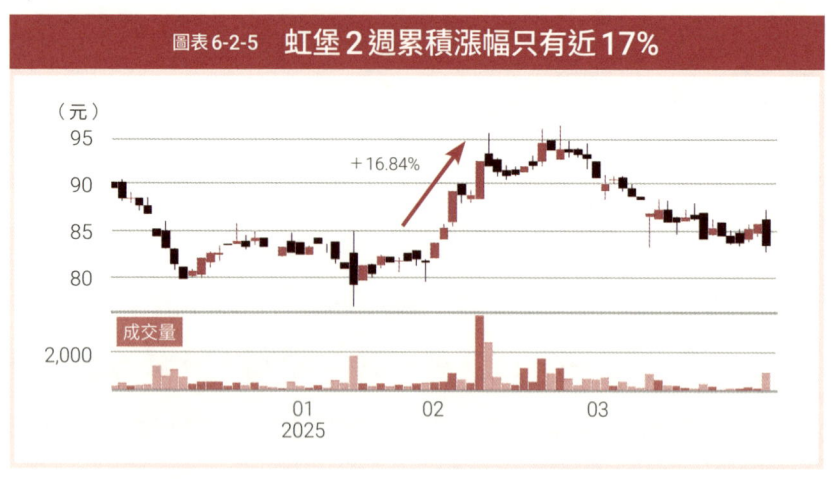

+16.84%

資料時間：2024/12/02～2025/03/28
資料來源：CMoney法人投資決策系統

　　這是少數特例嗎？我再隨手舉一例，光學鏡頭股亞光（3019）在2024年漲幅高達168%，同族群的玉晶光（3406）、今國光（6209）、佳凌（4976）、新鉅科（3630）年度表現分別為20.57%、7.43%、－6.39%、－21.95%。對於漲跌分歧現象感到驚訝的朋友，不妨試著多觀察比較同族群個股的表現。

　　其實股價會說話，領先表態的個股是市場聰明錢（大戶或法人）用錢投票的結果，反觀落後股多數是散戶群聚的同溫層，籌碼較差，基本面更無法複製，不是所有名字叫做張學友的都是「歌神」，對吧！

我常在節目上分享一金句:「股價從哪裡漲上來不重要,重點是將來會漲到哪裡去!」

買低才能贏、買高就會輸,是這樣嗎?除了高和低只是相對概念,那萬一錯過台積電 300 元以下低點,難道永遠都不能買進了?

▪ 翻漲數倍的股票仍有可能再往上

就算是股市常勝軍法人、大戶,也不一定每次都能恰恰好的買在股價底部區或買在最低點,有時候法人的進場點甚至會讓人覺得匪夷所思!

例如投信在 2024 年 9 月 26 日大買光聖(6442),單日投量比達 15.61%,明明光聖年初股價才 70 元,已經翻漲數倍,投信在 380 元附近才進場,是幫人墊背還是看好飆漲故事未完?

答案揭曉 —— 光聖毛利率和 EPS 一路跳增,同年 12 月營收較上月成長 145%、創歷史新高,利多公布後,股價於 2025 年 1 月 2 日刷新歷史天價達 666 元。

原來投信早已先掌握未來的基本面,買得早有時候不如買得巧!

飆股新手的實戰筆記

圖表 6-2-6　光聖股價翻漲數倍後再創新高

資料時間：2023/10/20～2025/04/22
資料來源：理財寶籌碼 K 線

　　有些情況下，法人也可能得等股價上漲一段後才出手，主要的原因就在法人的選股標準之一，通常是設定在市值須＞10億美元（約台幣300億元）這門檻，而這也就意味，若是一間企業因股價太低等先天性限制，無法跨過市值門檻，即使再潛力無窮，也無法被納入選股池中。故當有朝一日市值跨過300億元大關後，股價也可能早就已經脫離底部區了。

　　比方說含著金湯匙出生，隸屬於長榮集團下的長榮鋼（2211）、以及華航轉投資的虎航（6757），原本就是法人必定關注的掛牌新星。

飆股獲利步驟 4：有紀律的執行策略 ｜第 6 章

圖表 6-2-7　長榮鋼市值逾 300 億元 始進入投信偵測範圍

資料時間：2023/08/25 ～ 2025/04/25
資料來源：理財寶籌碼 K 線

　　長榮鋼股本 41.71 億元，過去股價約在 45 ～ 65 元間遊走，不符合市值大於 300 億元門檻，使法人難以介入，估計股價至少須達 71.9 元，才足以推升市值突破 300 億元。

　　從歷史走勢來看，股價約莫在 2023 年 9 月底攻抵 72 元，市值正式跨過 300 億元大關，這才開始進入投信選股雷達偵測的範圍內（見圖表 6-2-7）。

　　投信因看好重建題材與集團優勢，即使遲自 12 月中旬起才進場大買，後續股價攻上歷史新高 158.5 元，投信依然可大賺倍數！

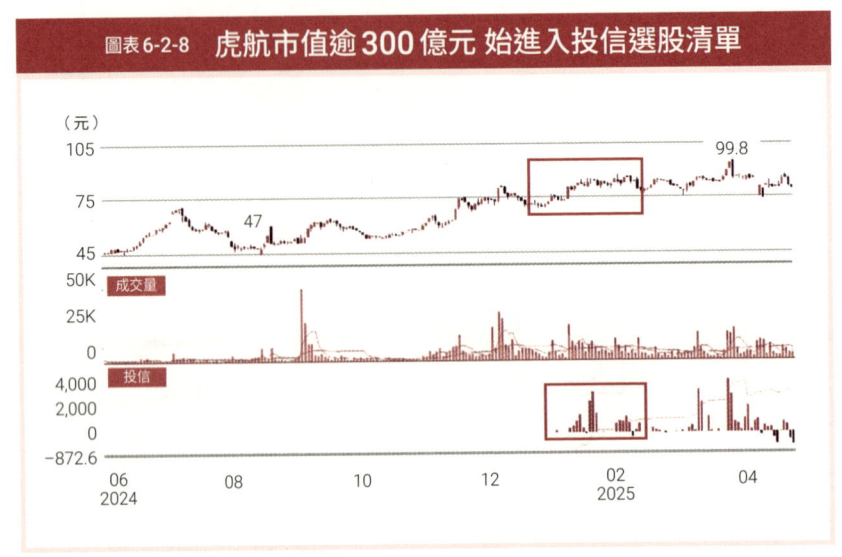

圖表 6-2-8　虎航市值逾 300 億元 始進入投信選股清單

資料時間：2024/06/06～2025/04/22
資料來源：理財寶籌碼 K 線

　　虎航是疫情後受惠產業重新洗牌的廉價航空業者，獲利實力本就不俗，但原本在創新板掛牌，流動性較差，即使股價看好，法人也受限不得買賣。

　　直到 2024 年 11 月 29 日由創新板轉上市後，不僅能見度大大提高，市值也越過 300 億元標準，開始進入法人的選股清單中，雖然股價早已不在低檔，投信仍陸續砸錢進場布局（見圖表 6-2-8）。

　　由此可知，專業機構法人不會太在意股票過去走勢，反而是著眼於未來的上漲潛力。

比起大家說的買低賣高，我更主張買高賣更高，投資朋友千萬不要畫地自限、輕易預設股價高點，只要股價動能向上，除非遇到基本面反轉的阻礙，否則往往就像飛輪轉動後可以讓獲利繼續加速向前。

6-3
3個理由讓你知道何時該停損

　　世上有太多人告訴我們：「放棄不可能成功，成功者永不放棄。」但這觀點適用在投資嗎？在賓州大學認知心理學博士、同時也是世界撲克冠軍的安妮・杜克（Annie Duke）眼裡，堅持不放棄反而是個必須被打破、撕下的標語。

　　以撲克牌大賽為例，安妮・杜克觀察到多數玩家在下注後，不論贏面多小，皆會選擇繼續跟牌，而這不懂得「棄牌」的行動，便是徹底抹除躍升贏家的可能性。

　　同理，股票投資也是如此，散戶在股市裡賺不到錢，往往是因為不甘心、不願認輸、想著不好就撐著，一再錯失「止損棄牌」的機會，最後落得血本無歸下場。故身在股海，投

資人必須先學會跳出 5 個投資虧損階段的心理輪迴：

1. 先否認：認為投資虧損只是短暫狀況，或者運氣稍差，不須即時處理。
2. 會生氣：當股價持續走弱或虧損擴大，開始抱怨推薦個股的親友、專家，千錯萬錯都是別人的錯。
3. 討價還價：陷入等待股價反彈、賠少一點再停損的自我安慰模式。
4. 開始沮喪：發現反彈無望，股價持續盤跌甚或腰斬，乾脆不看盤，眼不見為淨。
5. 無奈接受：跌深導致萬念俱灰，融資被斷頭，資產大幅減損，無奈告訴自己再也不投資了。

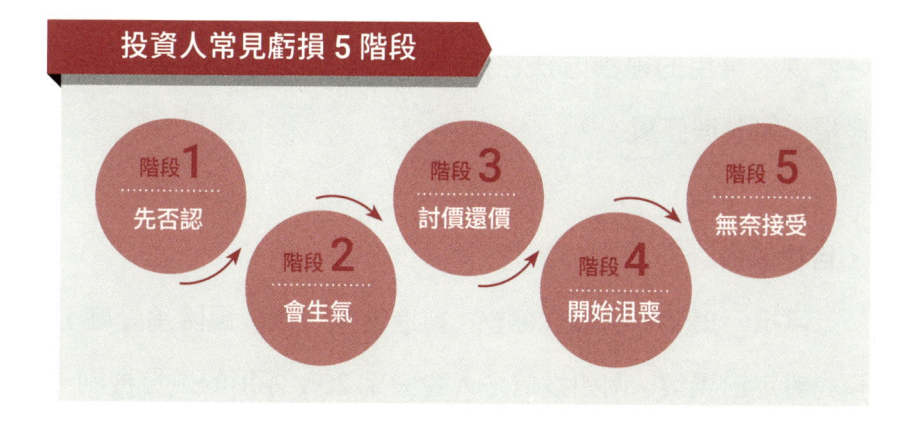

投資人常見虧損 5 階段

階段1 先否認 → 階段2 會生氣 → 階段3 討價還價 → 階段4 開始沮喪 → 階段5 無奈接受

停損不會讓人富有 但可以免於一無所有

曾經聽過一個故事，有隻猴子最大的願望就是變成人類，故牠每天向上帝許願，希望上帝能一圓牠的夢想。終於，上帝被猴子的毅力感動並把牠叫來說：「若能同意切除尾巴，明天就將牠變成人類。」

猴子回家想了又想，覺得這代價相當不划算，切掉尾巴會很痛，身體也會變得不靈活，而且還無法自由跳躍，所以最後牠放棄了成為人的機會。

而猴子的內心拉扯與散戶糾結停損的心理又有何不同呢？理性的我們都知道：(1)停損是會痛的；(2)停損後換股仍存有風險。但是若不懂得放手、棄牌，如何能扭轉局勢成為市場贏家？

沒有人操作是百分之百勝率，故停損絕對該列入投資的必修課，常用的停損方法包括：目標停損、技術停損、時間停損、與心理停損。

- **目標停損**

目標停損又稱機械式停損，買進後依照個人風險承受度，預先設定出場價。例如投信法人會設定20%停損的風控機制，

一般會建議大型股的停損範圍設定在 10% ～ 15%，中小型股設定在 15% ～ 20%。

過去曾有個極度害怕虧損的觀眾，在諮詢服務時跟我說，他有為自己設立嚴格的 5% 停損規則，只要損失大於 5% 就會執行出清。但為何自己這麼嚴謹了，仍然沒賺錢？

坦白說，目標停損確實不是個太理想且漂亮的出場方式，尤其當股票較為活潑、停損幅度又太過嚴謹時，難免會有賣完股價就反彈的情況發生，但它的好處是能將虧損控制在一定範圍內，日後相對容易賺回來。

▪ 技術停損

參考技術面的重要支撐、多方關卡，跌破就確認股價轉弱，甚至是由多翻空，能更貼近股價的強弱趨勢，減少賣錯機率。常用的指標包括 K 棒量價、移動平均線、KD、MACD、上升趨勢線等。

▪ 時間停損

嚴格來說，這不一定是真正發生損失，而是將投資的時間成本計入考量，當買入一檔股票，縱使公司基本面良好，

但經過一段時間，股價依舊紋風不動，無法讓資金發揮效率，股友就應考慮換股，尤其現在上市櫃股票總家數越來越多，非主流的個股很容易邊緣化。

至於持有多久應換股？則因人、因目的而異，撇除追求長期累積的價值型存股不說，若是基於快速且有效率的將小錢滾大錢，那麼針對市場變化、熱門題材的更迭，我建議若是超過一個月都沒看到手中持股的相關新聞，或許就是換股的時機了。

- **心理停損**

這有點類似生活中互相忿恨的怨偶，每當看到對方就切心、想到對方就煩悶等不痛快的狀況。

譬如，有一次與朋友聚餐時，因為一通電話，歡樂的氛圍瞬間降至冰點。這通電話是來自於朋友的營業員告知他：「套在山頂的 100 張宏達電（2498），股價又跌停板破新低了。」

一聽到此消息，他壓力大的出現胃痙攣的症狀，久久不能緩解，甚至那段時間，只要有人拿出 HTC 手機，他都有想搶過來摔爛的衝動，這即是心理停損的必要性。

以上停損技巧各有巧妙與優劣，投資人可因時因勢靈活搭配運用，最重要的是練習建立停損好習慣，把自己的操作節奏和盤面波動調整為一致，才能在這場股市馬拉松中不斷奔跑。

用 3 個理由判斷股票是否該脫手

在日常工作中，我相當喜歡與同事或親近的客戶交流一課題，那就是：「當你有 2 檔股票，1 檔賺錢、1 檔賠錢，但因急需一筆資金運用，你會賣哪檔股票？」

大約 70% 的投資人會不假思索的說：「賣掉賺錢的。」另外 20% 的股友回覆：「賣賠錢的」，其中的思維差異就在，是否將投資成本或未來潛力納入考量。

選擇「賣掉賺錢股」，這就像懵懵懂懂的小孩，在拿到食物時會先吃，生怕一不注意會被搶走的情況一樣。多數人在賺錢時厭惡風險，急於將勢頭正旺、會賺錢的標的賣掉，實現獲利。但這樣的交易行為，往往賺不到大錢，甚至會因為未處理的賠錢股票，成為拖垮整體投資績效的老鼠屎。

選擇「賣掉賠錢股」，這群朋友懂得交易是違反人類天性的，就如玩撲克牌大老二時，要先將數字小的爛牌先出掉，

等待關鍵時刻，用數字大的好牌贏下牌局。依照此邏輯確實可控制損失、避免大賠的可能性，但卻也因帶有成本與賺賠觀念，失去客觀評估股票的機會。

以上 2 種回答皆不是最佳解，大約只有 10% 投資人會給出更符合交易邏輯的答案：賣掉變貴、變差、沒效率的股票！因此在賣股之前，我通常會用 3 個問題來反問自己，進而檢視持股當下是否該賣出了：

- **股價是否已經過熱超漲，反映投資價值？**

　　半導體設備廠弘塑（3131）在 2024 年從 500 多元幾乎一路不回頭狂飆，在 8 月創下 2,140 元天價，當時看好、推薦的專家很多，主要理由是隨著台積電 CoWoS 大擴產，預估 2025、2026 年弘塑 EPS 分別上看 40 元、50 元。

　　暫且不論不確定性，即使獲利真的能實現，但預估本益比也飆破 50 倍了，遠超過歷史最高的 33 倍本益比，明顯過早透支基本面，而且還在股價高檔爆出史上最大成交金額，顯然當市場瘋狂追逐時，也有理性的大戶正用力獲利了結。

　　所謂「貴上極則反賤」，熱門股往往被利多簇擁，不要只聽好消息，要多理性觀察本益比評價和籌碼流向。

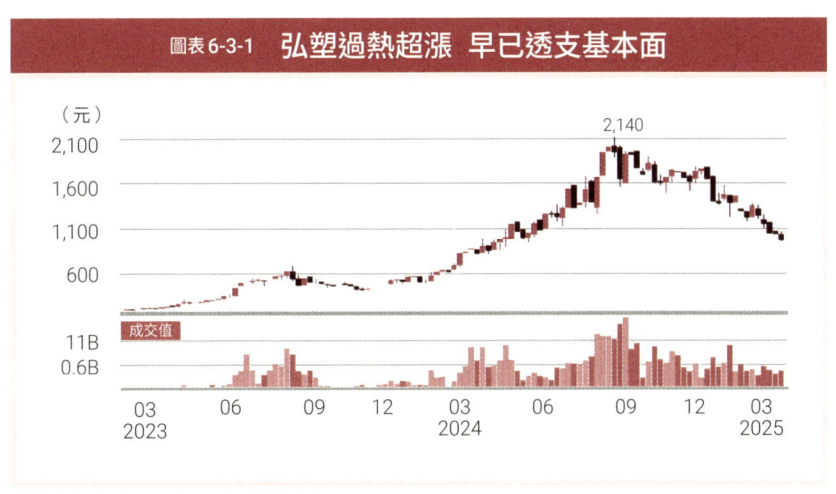

圖表6-3-1 弘塑過熱超漲 早已透支基本面

資料時間：2023/01/06～2025/03/28
資料來源：CMoney 法人投資決策系統

- **當初看好的理由是否已經改變或是消失？**

投資大師安德烈‧科斯托蘭尼的經典理論「主人與狗」，描述的是基本面和股價之間的連動關係，所以專業投資者一定都是先研究公司的基本面，再來評估股價。新技術、新訂單、新產能都會對基本面帶來挹注；反之，萬一流失了客戶與訂單，對股價也是沉重的打擊。

在美股市場，只要公司財測低於華爾街預期，股價通常會大跳水。台股當中也有不少指標性公司會提供財測，假使後續業績未能達標，法人砍倉是不會手軟的。

亦或有時候市場開始傳聞，某公司訂單可能被同業搶走，

即使尚未證實，股價往往就會開始湧現賣壓，像輝達曾因傳出中國減少購買晶片的利空消息，一天就暴跌將近17%。

當然，等到基本面已確定惡化，股價肯定也沒好臉色了，但只要買進理由改變、消失了，實在不必戀棧。

例如身邊長輩常問我台塑（1301）跌這麼低了，可不可以加碼買進？台塑受到中國塑化產能開出、削價競爭的衝擊，股價剩下高峰時的 5 分之 1，看似便宜，可是以往台塑平均股息殖利率有 4.5% 以上，現在卻要擔心虧損而配息大縮水，評價甚至比百元的時候還更貴，實在不必單戀這朵凋零的花。

對了，也很多股友常因為法人買進而跟單，那麼同理，如果法人已由買轉賣，也該遵循同一原則而下車。所以想買台塑，以籌碼觀點來說，至少也等外資轉向大買吧！

- 手上資金換到其他股，是否有更好的效益？

相較原持股，若新標的擁有更高的 CP 值，也就是更高的上檔目標且股價尚在便宜低檔區，整體預期「報酬風險比」佳，這時換股也不失為合理的行動。

我通常偏好預期報酬風險比 > 3 倍的個股，舉例來講，假如我評估漲到合理目標價有 30% 利潤，而以跌破前低設定

10% 目標停損,預期報酬除以風險達 3 倍,就值得投資。

下次投資朋友在沮喪、恐慌想賣出持股時,不妨先用以上 3 個問題問問自己,啟動左腦幫助自己理性思考,以避免事後懊悔衝動賣錯。

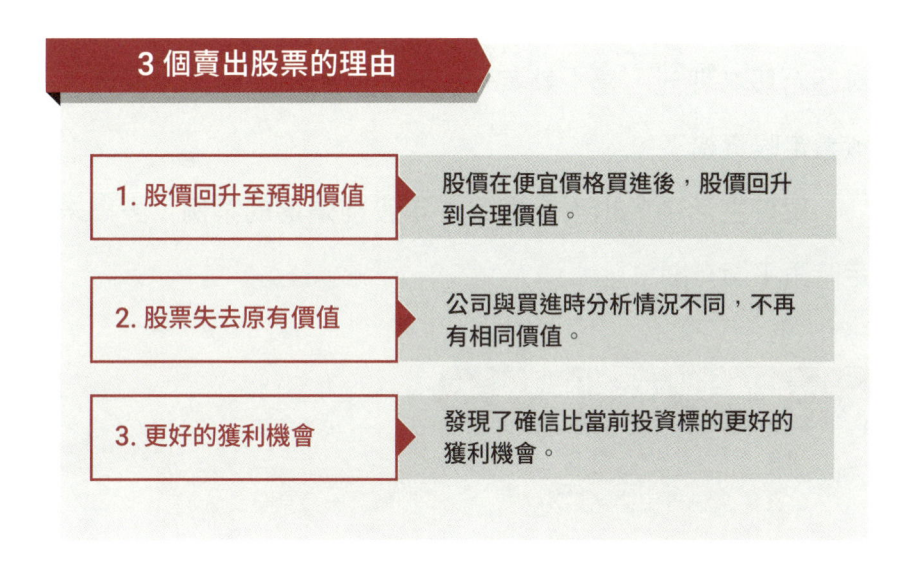

3 個賣出股票的理由

1. 股價回升至預期價值	股價在便宜價格買進後,股價回升到合理價值。
2. 股票失去原有價值	公司與買進時分析情況不同,不再有相同價值。
3. 更好的獲利機會	發現了確信比當前投資標的更好的獲利機會。

再平衡交易是投資的必要機制

投資再平衡(Rebalance)的主因是,資金在經過幾輪的放大倍增後,會與最初的原始部位有不同的波動風險,故需透過再平衡機制來減少曝險,發揮風險控制效果。這就是近年外資大賣台股的真相!

外資長年持有台股總市值約 4 成比重,但疫情後台股從 8,523 奔上 2 萬多點,翻倍的漲幅讓外資不用加碼台股 1 毛錢,持股市值也會跟著放大倍增。

外資在全球投資配置,若不想增加對台股單一市場的曝險,就必須賣超降低部位。所以外資在 2020～2022 年累計賣超台股 2 兆元,是「躺著也會賺」,絕不是媒體嘲諷的外資看走眼賣錯了。

現實生活中,也不乏聽到少年股神殞落的案例,多與未定時再平衡有關。

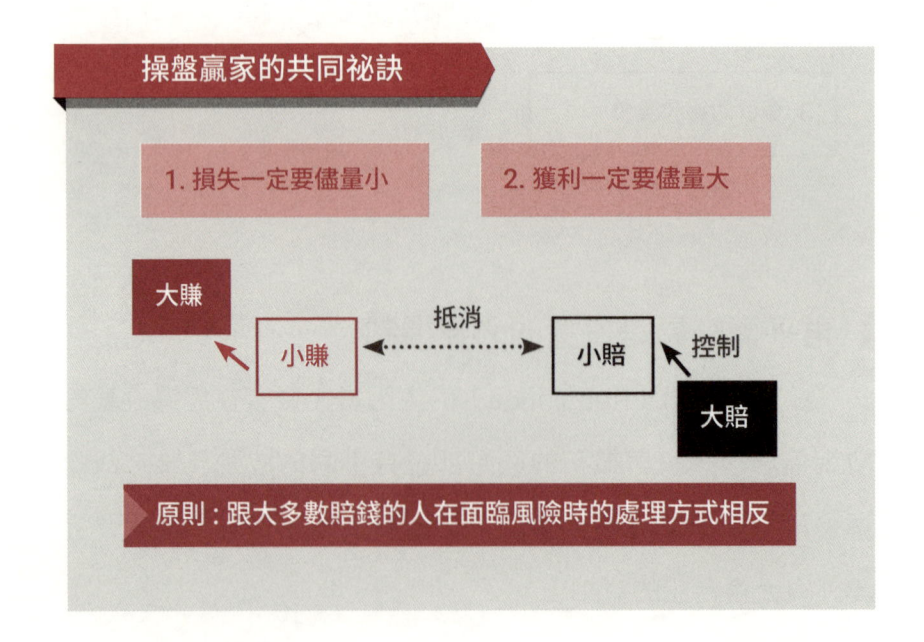

操盤贏家的共同祕訣

1. 損失一定要儘量小
2. 獲利一定要儘量大

大賺 ← 小賺 ←--抵消--→ 小賠 ← 控制 ← 大賠

原則:跟大多數賠錢的人在面臨風險時的處理方式相反

曾聽過,一個年輕人在多頭市場用200萬元的本金與槓桿交易,讓資金在1年內暴增到2億元,但遺憾的是,因空頭經驗不足、交易策略不夠嚴謹又未預先實施再平衡交易,遇到行情轉空時,2億元的身家瞬間歸零。

所以,想要扭轉輸家宿命的投資朋友,千萬不要忘記股票投資有賺有賠,虧損難以避免,看錯就認錯,不該存有僥倖心態、硬要拗單,並時時用賣股的3個理由與大賺小賠的交易邏輯,思考贏的機會。

6-4
必須戒除的投資迷思

　　你坐在沙發上，看著第 5 屆世界棒球經典賽，美國對戰日本的冠軍賽現場轉播。9 局上，日本武士派出最強投手大谷翔平，對決最強打者神鱒 Mike Trout，在 2 好 3 壞滿球數情況下，緊張氣氛達到巔峰，忽然，咻的一聲，1 顆 140 公里外角滑球旋進捕手手套，Mike Trout 揮棒落空。

　　三振出局！嗶！比賽結束！那一刻，大谷翔平丟掉手套、帽子激動大吼，隊友衝出休息區歡呼慶賀，現場及電視機前觀眾雀躍喝采，睽違 14 年日本再次封王，大谷翔平一戰封神！

　　2023 年那場熱血記憶，深深烙印在全世界球迷心中，每每想起便激動不已，但你知道該場賽事有個奇妙的現象嗎？

大家都知道，棒球比賽的得分規則是，打者將球擊出後，依序從 1 壘、2 壘、3 壘到跑回本壘的過程，每一打者完成此動作計 1 分，故想要得分，每支球隊將盡可能讓安打數具備連續性，以利將壘包上的選手統統送回本壘得分。

由此可知，安打數的多寡不一定是贏得比賽的關鍵。就如同這場戰役中，日本僅用 5 支安打，擊退了美國的 9 支安打，以 3 比 2 之姿贏得比賽；若將此現象套用在投資上，我想正是在述說「報酬率與勝率哪個更重要」的概念。

▍報酬率和勝率哪個重要？

股票投資中，總有人認為勝率大於一切，就像安打數越多，才能賺得最多、賺得最大，但你是否想過這只是「有面子沒裡子」的操作呢？仔細思考一下，難道有人能永遠不虧損？做到每次出手，都剛好買到會漲的股票？我想這是不可能的吧！除非他是神、他有預知的能力。

說到這，我知道很多人會想問，那些標榜高勝率的操作，又是怎麼回事？根據我長期觀察，多數的高勝率都是靠著「小賺就出清、有賠就不賣」得來的，而你我都清楚，這樣的方式難以創造大財富，反而容易留下一手爛牌。

故與其一味追捧高勝率，不如改而追求報酬率。比如一個有規劃的投資組合與具備邏輯的操作，應是這樣子的：假設握有 10 檔股票，即使有 6 檔標的不如預期，也應及時認錯止損，雖然這會讓勝率掉到僅有 4 成，卻能夠有效提升資金效率和控制虧損幅度，且有機會靠著留下的 4 檔股票，一步步逆轉頹勢，順勢創造優異績效，讓財富越滾越大。

股神巴菲特著名的雪球理論：「人生就像滾雪球，只要找到夠溼的雪和夠長的坡道，雪球就會越滾越大。」其中雪和坡道，分別代表著報酬率與時間。回顧過去近 60 年間，標普 500 指數年化報酬率 9.8%，而巴菲特的平均年化報酬率約 19.8%，遠遠甩開美股大盤的增值幅度。

但事實上，細看巴菲特每年的投資績效，年度績效虧損有 11 年，落後大盤表現的也有 18 年，所以股神也經常賠錢或輸給大盤。股神的厲害之處是在於有 8 次創造出年度 50%～99% 的高報酬，更有 2 年當年度獲利超過 100%，再加上長時間複利效果，才能累積 1,542 億美元驚人身家！

▌靠報酬率與張數放大獲利

擔任分析師 10 幾年，我發現來諮詢的投資人常有一個「通

病」，就是在買賣股票時，經常會在意掛價1、2元，甚至1、2毛的問題，有種像在地攤討價還價的感覺，總希望出手當下就是買在最低點或賣在最高點，然而實際獲利總數的大小，真是靠這幾毛錢所改變的嗎？

試想，若一檔30元左右的股票，未來有50%上檔空間，那麼用30元買進與30.2元買進，又有多少區別呢？相信大家都會同意，這一丁點差異根本不夠看，故你一定也能認同，此時放大獲利的關鍵在於部位的大小，也就是說買進的張數越多，對絕對獲利數字影響更甚。

舉個實際案例，2024年台積電從590元一路晉升到千金股，全年瘋漲逾80%，那時有個朋友跟我說：「台積電有150萬個股東，護國神山讓小散戶也發財了！」事實真是如此嗎？並不然！

從股權結構來看，持有不足1張的零股小股東超過100萬人，可是持有10張以上的股東人數僅4萬多人，占總股東人數不到3%。逾8成的報酬率確實令人興奮，但買10股賺5千元和買10張賺500萬元，哪種獲利數字才會真的有感呢？

因此，大戶或法人在交易時，比起價格微小的波動差異，他們更在意的是持股張數。假如基金經理人開單請交易員買

進 500 張持股，交易員擅自決定掛低而只成交了 50 張，結果股價大漲噴出，你們認為交易員是犯錯還是立功了呢？

千萬別搞錯放大獲利的因子，唯有將股票的投資報酬率（P）與持股張數的多寡（Q）拉大，才能創造實質可觀的獲利金額。

那麼，又是什麼原因讓投資人無法放大持股數量呢？

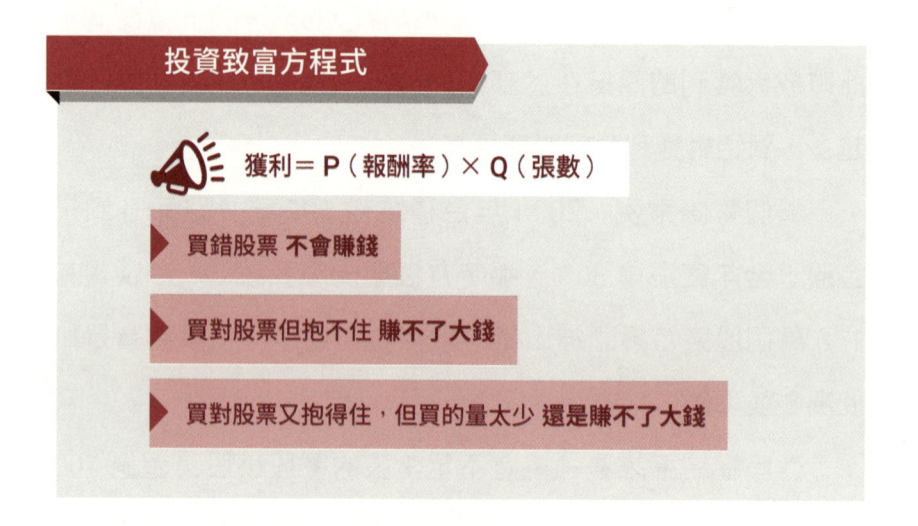

投資致富方程式

獲利＝P（報酬率）× Q（張數）

▶ 買錯股票 不會賺錢

▶ 買對股票但抱不住 賺不了大錢

▶ 買對股票又抱得住，但買的量太少 還是賺不了大錢

▎過度分散是投資的兵家大忌

記得有一次受邀出席大型演講，在活動結束後，有一位目測約 70 歲高齡的股友，跑到台前問我能不能留步，說他特地從桃園上台北聽演講，這次收穫很多，但因為手上有一些

賠錢的股票，不知道該怎麼處理，問我能不能給他一些建議。

聽他那麼說，我當然是大方說好，畢竟人家專程北上，且這也是我的專長之一，能夠幫忙當然是盡力而為。但說真的，不看還好，看完真的差點暈倒！他的持股清單深不見底呀！翻完第1頁、第2頁，沒想到後面還有第3、4、5頁，略算一下，他的持股約略有百檔之多。我開玩笑的說，這位股友如果願意應徵基金經理人，應該可以管理2～3檔台股基金。

許多人會誤以為持股檔數多，有助於分散風險，但實際上也會分散了報酬，況且，我常看到投資人買進相同產業、股價高度連動的多檔不同個股，其實風險一樣很集中。庫存會有一缸子持股，更普遍的情況是四處聽明牌消息，見一個、愛一個、買一個，而且只要賠錢就不賣，長久下來就形成投資的業障。

再說，就連基金經理人也不會同時關注盤面2,000多檔標的，法人操盤一定會先篩選建立選股池，SOP是先由負面表列剔除不能買的標的，比如持續虧損、流動性差等，再參照正面表列條件，找出未來有上漲潛力個股。

投資朋友也可以設計出專屬於自己的選股標準，濾掉雜

飆股新手的實戰筆記

訊和不適合的個股，持股檔數減少了，每一檔分配的金額自然就增加了。

▌挑選適合自己的標的 不把投機當投資

曾經有個麵包師傅出面爆料，自己從來不吃成分不好的 4 種麵包：人造奶油麵包、廉價肉鬆麵包、假的全麥麵包與便宜水果麵包。但礙於這 4 種麵包，色香味俱全又銷量好，故他們持續販售這類麵包。

一看到這新聞，就不禁讓我想起股市現況，隨著台股上市櫃掛牌家數越來越多、短線資金加速輪動，盤面的熱門投機股，就像這 4 種麵包，勢頭旺、漲幅大、人氣足，時常搔得眾人心癢難耐進場追買，但你想過為何買進後，總是以慘賠或套牢結尾嗎？

其實，偶爾投機一下、淺嘗題材股的瘋漲沒有不好。我常說，健康的市場必定同時存在投資與投機，就像啤酒上方會有些許的泡沫，有投機成分在，股價才會有活力，只是當你過度重押在這類題材股上，就很危險、很容易受傷。

其實，選股就像吃 Buffet 一樣，一般 Buffet 餐廳至少有 200 道菜色，但你能將這 200 道料理統統吃一輪嗎？我想很

難吧!正常情況下,你應是根據自身喜好、食材價位、飢餓程度,來挑選今天要拿煎牛排、天使蝦、松葉蟹、還是戰斧豬等料理。

也就是說,在琳瑯滿目的菜色中,你都會審慎衡量今天我要吃什麼、怎麼吃能滿足味蕾,甚或多吃些什麼才夠本,那麼投資怎麼能不做選擇,總想著買遍盤面熱門標的就好呢?**投資股票就像吃 Buffet 一樣,要有捨才會有得,選到股性與個性速配的標的,才是邁向成功投資的方法。**

結語
找到對的方法 反覆執行

　　最後在結束本書之前，我想引用李小龍的一句話：「不怕會1萬種功夫的人，只怕一種功夫練1萬次的高手」來分享投資成功的關鍵。

　　我知道在現今的社會中，資訊流通快速，大眾也都變得獨立有想法，一遇到不懂、不會、不熟悉的問題，上網Google一下便能得到答案，但是在投資的領域中卻不一定適當。

　　怎麼說呢？一般透過買書、買雜誌、參與課程方式，來加強基本面、技術面、籌碼面的基礎知識，這沒有太大問題，但實戰操作上牽涉到金錢，而人一遇到錢，大腦就會失常，故什麼都學的方式，對心性不定的投資人來說並無幫助。

市場上存在各種投資策略與成功之道，有手速極快的當沖大戶、有翻身獲利數 10 倍的雜誌封面高手、有存股致富的素人贏家，在每一種方式、每一篇故事都吸引人的情況下，心性不定的投資人不經意會變成招招都試，卻處處碰壁，進而導致所有的投資都不專精，還虛耗了永遠無法賺回來的「時間」。

　　投資成功的最重要前提，是先找到一個適合你的策略，並重複執行正確的行動。你不一定要很厲害才能開始，你要開始，才能很厲害。

飆股新手的實戰筆記
簡單 4 步驟，小資也能季賺 30%

作　　者：陳威良

總 編 輯：張國蓮
副總編輯：李文瑜
責任編輯：袁于善
美術設計：林若渝
封面設計：謝仲青
封面攝影：黃聖育

董 事 長：李岳能
發　　行：金尉股份有限公司
地　　址：新北市板橋區文化路一段 268 號 20 樓之 2
傳　　真：02-2258-5366
讀者信箱：moneyservice@cmoney.com.tw
網　　址：money.cmoney.tw
客服 Line@：@m22585366

製版印刷：緯峰印刷股份有限公司
總 經 銷：聯合發行股份有限公司

初版 1 刷：2025 年 5 月
初版 5 刷：2025 年 9 月

定價：420 元
版權所有 翻印必究
Printed in Taiwan

國家圖書館出版品預行編目（CIP）資料

飆股新手的實戰筆記: 簡單4步驟,小資也能季賺30% / 陳威良著. -- 初版. -- 新北市: 金尉股份有限公司, 2025.05
　面；　公分
ISBN 978-626-7549-24-7(平裝)

1.CST: 股票投資 2.CST: 投資技術 3.CST: 投資分析

563.53　　　　　　　　　　　　　　　114005792